Recherches
avec les jeunes enfants

Perspectives internationales

P.I.E. Peter Lang

Bruxelles · Bern · Berlin · Frankfurt am Main · New York · Oxford · Wien

Pascale GARNIER et Sylvie RAYNA (dir.)

Recherches
avec les jeunes enfants

Perspectives internationales

Petite enfance et éducation
Nouvelles perspectives sur l'éducation et l'accueil
des jeunes enfants
Vol. 2

La publication de ce livre a bénéficié de l'aide financière du laboratoire EXPERICE, Université Paris 13 - Sorbonne Paris Cité, et de la Caisse nationale d'allocations familiales, à travers son soutien au colloque "Petite enfance, socialisation et transitions" à Paris, en novembre 2015.

Maquette de couverture d'après une conception de Régine De Loose

© P.I.E. PETER LANG s.a.
Éditions scientifiques internationales
Bruxelles, 2017
1 avenue Maurice, B-1050 Bruxelles, Belgique
www.peterlang.com ; info@peterlang.com

ISSN 2506-8105
ISBN 978-2-8076-0214-4
ePDF 978-2-8076-0215-1
ePUB 978-2-8076-0216-8
MOBI 978-2-8076-0217-5
D2017/5678/01
DOI 10.3726/b10562

Information bibliographique publiée par « Die Deutsche Bibliothek »

« Die Deutsche Bibliothek » répertorie cette publication dans la « Deutsche National-bibliografie » ; les données bibliographiques détaillées sont disponibles sur le site <http://dnb.ddb.de>.

Table des matières

Introduction : prendre au sérieux les points de vue des enfants ?

Pascale GARNIER[1] et Sylvie RAYNA[2]

Cet ouvrage fait suite au colloque international « Petite enfance, socialisation et transitions » (EXPERICE-CNAM, Paris, 13-14 septembre 2015)[3] qui n'a pas pu se dérouler en totalité en raison des terribles attentats parisiens. Des communications à cette manifestation scientifique ont porté sur les transitions au cours de la petite enfance et l'activité des professionnelles de la petite enfance, qui feront aussi l'objet d'autres ouvrages. Ce colloque entendait également mettre en valeur les points de vue des jeunes enfants sur l'éducation préscolaire : ils sont placés au centre de celui-ci.

Grâce à des contributions anglaise, islandaise, suédoise, française et néo-zélandaise, notre souci est de faire connaître des recherches, encore mal diffusées dans le monde francophone, qui sont réalisées avec les enfants et portent sur les *children's perpectives*. Avec l'objectif d'ouvrir aux lecteurs francophones toute la richesse de ce champ de recherches développées dans l'espace anglophone, cet ouvrage veut montrer la mise en œuvre concrète de ces pratiques de recherche avec les enfants, mais aussi la façon dont on peut s'en saisir et s'en réapproprier les démarches sur le terrain du préscolaire en France, et ailleurs.

En effet, prendre au sérieux les points de vue de jeunes enfants, parmi d'autres points de vue (ceux des adultes proches), représente un parti pris très original dans le contexte francophone où, d'une manière générale, la recherche « auprès des enfants » reste à développer (Delalande, 2001 ; Danic *et al.*, 2008). C'est d'autant plus vrai que les enfants sont jeunes ! Rares sont les travaux qui non seulement s'intéressent au préscolaire et reposent sur un travail d'observation des activités et interactions sociales des jeunes enfants, mais qui les considèrent également comme de véritables

---

[1] Professeure en sciences de l'éducation, directrice du laboratoire EXPERICE, université Paris 13 - Sorbonne Paris Cité.

[2] Maître de conférences en sciences de l'éducation, IFE-ENS de Lyon et EXPERICE, université Paris 13 - Sorbonne Paris Cité.

[3] Grâce au soutien des participants et des conférenciers, des actes de ce colloque sont parus en ligne sous la direction de Pascale Garnier, Sylvie Rayna et Anne Lise Ulmann : https://hal-univ-paris13.archives-ouvertes.fr/PETITE-ENFANCE/.

interlocuteurs des chercheurs et qui s'efforcent de donner à entendre leur voix. Seraient-ils « trop petits » pour avoir leurs propres perspectives sur le monde qui leur est donné à vivre ?

Les perspectives des enfants : développement d'un domaine de recherche

Que les enfants aient leur propre point de vue sur leur vie collective, on ne peut en douter : il s'agit à la fois d'une affirmation de principe et d'un énoncé fondé empiriquement. D'une part, des techniques d'investigation anténatales permettent déjà d'objectiver chez les fœtus des capacités de discrimination, des « préférences » (Granier-Deferre & Schaal, 2005). D'autre part, les points de vue des enfants, dès le préscolaire, sont mis en évidence par un nombre croissant de travaux montrant tout l'intérêt qu'il y a à les prendre au sérieux, en développant une créativité méthodologique pour les investiguer. Ces travaux sur les *children's perspectives* s'inscrivent dans des approches démocratiques de la définition de la qualité, défendues dans les pays nordiques depuis les années 1990 : « Lorsqu'on parle de qualité des services de la petite enfance, il est important non seulement d'écouter les points de vue des adultes, comme on le fait habituellement, mais aussi d'interroger les enfants eux-mêmes, car ils ont des choses très importantes à nous dire » (Langsted, 1994, p. 41). Élaborées dans ce souci éthique et politique (Moss, 1996 ; Dahlberg & Moss, 2005), ces études reposent sur une conception des enfants mettant en valeur leur *agency*, ou « capacité d'agir », leurs droits, en premier lieu de participer à tout ce qui les concerne directement, et pas seulement leurs besoins (Woodhead, 1997). Nombreuses sont les études publiées en anglais qui se sont efforcées de mobiliser les perspectives des enfants pour améliorer les espaces préscolaires, intérieurs comme extérieurs, le matériel pédagogique, le rôle et les attitudes des professionnel(le)s, le jeu, les apprentissages, le *care*, etc. (Sheridan & Pramling Samulelsson, 2001 ; Clark & Moss, 2005 ; Einarsdóttir, Dokett & Perry, 2009 ; Harris & Barns, 2009 ; Engdhal, 2015).

C'est à travers une combinaison de moyens d'expression, verbale et non verbale, que reposent ces travaux, à la suite de l'approche « mosaïque » d'Alison Clark qui privilégie tout particulièrement les méthodes visuelles (Clark, 2001, 2003 ; Clark & Moss, 2001). Son objectif est de mettre à jour des connaissances tacites et implicites, des savoirs d'action, difficilement verbalisables par les enfants. De fait, les formes non verbales de communication sont essentielles et doivent être reconnues comme des formes d'expression à part entière, rendant visible « ce qui parle » aux enfants et utilisant les méthodologies visuelles à titre de « voix » des enfants. Une combinaison à géométrie variable de divers moyens d'expression des enfants est mobilisée dans ces études : visites guidées, photographies, plans, modelages, dessins, conversations, etc. Cette méthode a ainsi été déjà expérimentée avec des enfants de plus de trois ans (Clark, 2001, 2007, 2011 ; Clark & Moss, 2001 ; Clark, Kjoholt & Moss, 2005 ; Stephenson, 2009). Il s'agit d'appréhender à travers leurs « cent langages » (Malaguzzi, 1993), ce qu'ils disent par leurs mots, par les images, mais aussi par leurs corps, leurs mouvements, leurs émotions. Il s'agit de stimuler la réflexivité enfantine et le partage des significations entre enfants et avec les adultes. L'interprétation est discutée parmi d'autres questions éthiques soulevées par ces études, notamment celles de l'accord des enfants pour participer à la recherche ou des risques d'intrusion de la part des adultes lors des entretiens (Eide & Winger, 2005 ; Flewitt, 2005 ; Conroy & Harcourt, 2009), ce qui amène alors à articuler droit à la participation et droit à la protection (Broström, 2006 ; Rayna, 2014).

Dans l'espace anglophone, le fort développement des recherches participatives avec les enfants n'a pas manqué de susciter des réflexions critiques, s'agissant de discuter non pas de leur légitimité, mais de l'authenticité de leur participation et une nouvelle forme de normativité qui leur est imposée (Gallacher & Gallacher, 2008). En particulier, ne leur impose-t-on pas une conception très normative d'un enfant « actif, autonome et maître de lui même », caractéristique de notre époque, là où avant on pensait l'enfance comme une donnée naturelle, un état inachevé et transitoire (Dalhberg & Moss, 2005) ? Ne risque-t-on pas également d'instrumentaliser leur point de vue, c'est-à-dire d'augmenter l'emprise des adultes sur leurs vies en les rendant davantage visibles ? Toutes ces questions sont essentielles et amènent les chercheurs à développer une posture critique et réflexive, aussi bien sur les conceptions de la petite enfance, que sur la dimension éthique des recherches qui s'attachent aux points de vue des jeunes enfants.

Conceptions de la petite enfance, conceptions de la recherche

Faire de la recherche *avec* des jeunes enfants pose d'abord la question d'une spécificité des méthodologies de recherche selon les âges ou les générations (Punch, 2002). Cette question s'inscrit plus largement dans des débats récurrents sur les pratiques des adultes à l'égard des enfants, sur les manières de faire (ou non) des différences d'âge, ainsi que, *in fine*, sur ce dont les enfants sont capables (Garnier, 1995). Quelles sont les compétences langagières, cognitives, affectives, motrices, sociales... que l'on reconnaît (ou non) aux tout-petits ? Mais aussi, et du même coup, quels sont les situations, les dispositifs et les objets qui donnent (ou non) lieu d'être à ces compétences et à leur reconnaissance par les « grandes personnes » ? De fait, les compétences des enfants ne sont pas isolables des moyens dont ils disposent pour les exprimer. Elles ne sont pas non plus indépendantes du regard des adultes qui les présupposent : les faits empiriques ne sont pas dissociables de leur grille de lecture et des situations où ils sont observés. Dans ce sens, les compétences enfantines ne peuvent être caractérisées comme des propriétés intrinsèques aux enfants ; elles sont pour ainsi dire distribuées dans leur environnement matériel et humain. C'est dire l'importance des méthodologies utilisées par les chercheurs, notamment des méthodologies visuelles (Thompson, 2008). Elles sont autant de ressources qu'ils offrent aux enfants pour leur permettre d'exprimer, de différentes manières, leurs points de vue.

Ainsi définie, la question des compétences enfantines est celle d'un parti pris des chercheurs qui fait fond sur les capacités d'agir et de s'exprimer des jeunes enfants, d'avoir prise sur leur environnement. Elle va de pair, avec le souci de trouver les ressources, tant théoriques que pratiques, qui leur en donnent les moyens, en collaboration avec tous les adultes. Elle met en jeu une conception de l'*agency* des enfants, en tant que dimension processuelle, émergente, de leur activité, au même titre que celle des chercheurs (Garnier, 2015). Elle suppose également une conception relationnelle et située du travail scientifique, issue des *standpoint theories*, théories des points de vue, développées par des chercheures féministes (Haraway, 2007). Ce positionnement théorique est d'autant plus nécessaire que, d'une autre manière que sur la question du genre, il est impossible d'ignorer les asymétries de pouvoir entre adultes et enfants.

Au fond, toute pratique de recherche avec les enfants exige une éthique qui intègre enfants et adultes dans une « commune humanité », définie par le caractère inépuisable des puissances des personnes, quel que soit leur âge (Garnier, 2014). Cette éthique va bien au-delà de toutes les précautions déontologiques qui s'imposent aux chercheurs, en termes de consentement et de respect des personnes, de confidentialité, de responsabilité vis-à-vis des adultes proches des enfants, etc. Elle touche à l'épistémologie des savoirs sur/des enfants et à la dimension politique et morale des rapports entre enfants et adultes, comme le soulignent plusieurs des contributions de cet ouvrage. Dans ce sens, l'éthique des chercheurs porte avant tout sur les finalités de leurs recherches, l'intérêt des questions qu'elles posent et leur rapport à la vie des enfants.

Présentation des contributions

Dans cet ouvrage figurent les contributions de pionnières des études des *children's perspectives* et de chercheures qui ont développé ces approches dans plusieurs pays.

Il revient à Alison Clark d'ouvrir le premier chapitre du livre : les travaux qu'elle a effectués depuis plus d'une vingtaine d'années ont véritablement ouvert la voie à ce domaine de recherche avec les enfants dans les structures d'éducation préscolaire. Elle présente en premier lieu les ressources qui ont permis de considérer les enfants comme des « experts de leur propre vie », des chercheurs et des co-chercheurs aux côtés des adultes. L'importance des Recherches-Action Participatives est particulièrement soulignée dans la mesure où elles s'efforcent de donner un nouveau statut aux personnes et aux connaissances locales dans une perspective émancipatoire. Dans le préscolaire, cette perspective va de pair avec une conception constructiviste des apprentissages et le fait que les enfants construisent eux-mêmes les significations de leurs expériences. Alison Clark détaille ensuite les outils développés dans l'approche « mosaïque » dont le nom même indique la pluralité et la complémentarité des procédures. Loin d'être un système fermé de techniques qui seraient comme des « recettes » pour recueillir les points de vue des enfants, cette approche se veut à l'inverse ouverte, adaptable, en prise avec la diversité des enfants et des visées des recherches. L'accent est ainsi mis sur le dialogue et les relations collaboratives, l'ouverture de nouveaux moyens et espaces de communication. À travers des exemples pris dans les différentes recherches qu'elle a réalisées, l'auteure explicite les multiples rôles pris par les enfants au cours de celles-ci et, comme en miroir, la diversité de ceux pris par les chercheurs. Cette multiplicité des rôles entraîne des chevauchements, un brouillage des frontières ; elle demande aux chercheurs une auto-réflexion critique et interroge aussi le rôle des destinataires de ces recherches. Au bout du compte, l'âge des personnes qui y participent compte bien moins que la perspective démocratique de production de connaissances qu'elles mettent en œuvre.

Dans le contexte de la culture préscolaire nordique, la contribution de Johanna Einarsdóttir nous fait partager toute l'expérience qu'elle a développée à travers de nombreuses études avec les enfants. Elle montre les enjeux démocratiques des recherches qui font des enfants des partenaires des chercheurs, l'importance notamment de la Convention internationale des droits de l'enfant portée par les Nations Unies et les nouvelles conceptions de l'enfance sur lesquelles elle s'appuie. Johanna Einarsdóttir insiste tout particulièrement sur les questions de méthodes pour travailler avec les enfants. D'une part, à la suite de l'approche « mosaïque » d'Alison Clark, elle précise la diversité des dispositifs et leur combinaison pour s'adapter à la diversité des ressources des enfants : méthodes visuelles (dessins, photos, vidéos, etc.), entretiens collectifs, observations, etc. D'autre part, elle détaille très concrètement les dilemmes auxquels toute recherche avec les enfants est confrontée, qu'il s'agisse de l'asymétrie de pouvoir entre adultes et enfants, du consentement des enfants et de leur(s) responsable(s), de l'interprétation des données, etc. Dans ce chapitre, Johanna Einarsdóttir rend compte de ses différents travaux sur les expériences de vie des jeunes enfants dans les structures préscolaires islandaises et leur première année d'école, ainsi que leurs rapports avec les éducateurs. Elle s'étend plus particulièrement sur une recherche menée sur les points de vue que les enfants portent rétrospectivement sur leurs expériences préscolaires. Elle fait apparaître tout un travail de mémoire, leurs souvenirs des lieux et des moments qui les ont marqués et, surtout, l'importance de leurs relations entre pairs et des interactions positives avec les professionnel.le.s.

Lina Lago s'est intéressée aux points de vue des enfants sur leur passage de la pré-école (*förskola*) à l'école en Suède où une transition est aménagée sous la forme d'une classe préscolaire (*förskoleklass*) qui les accueille, à l'école, l'année précédant l'âge de la scolarité obligatoire. Elle met en évidence, à partir d'un travail d'observation et d'entretiens collectifs avec les enfants, les attentes et les craintes qui sont les leurs, ainsi que les ressources qu'ils mettent en jeu pour construire ces visions du futur. En mobilisant la notion de « socialisation anticipatrice », Lina Lago nous montre comment la recherche avec les enfants peut intégrer non seulement l'enfant au présent (*being*), mais aussi en devenir (*becoming*). Au lieu d'une conception téléologique de l'enfant comme être inachevé, défini par ses manques et défaillances en regard d'un futur qui n'est pas encore, elle rend visible des points de vue des enfants qui, tout en s'ancrant dans le présent, n'en regardent pas moins vers l'avenir. Ce qui est à venir apparaît alors comme une de leurs préoccupations dont les chercheurs doivent rendre compte et prendre en compte. Ce faisant, la recherche ouvre une nouvelle voie dans l'approche des points de vue des enfants : elle met en évidence un futur en train de se réaliser dans le présent, un futur qui est déjà dans le présent des enfants, un futur qu'ils actualisent et s'approprient en lui donnant sens. Par là aussi la recherche avec les enfants présente manifestement une portée politique, s'agissant de penser ce que vivre ensemble veut dire, pour aujourd'hui et pour demain.

Dans le cadre d'une recherche collective, répondant à un appel à recherche de la Caisse nationale des allocations familiales (CNAF) relatif à la qualité de l'accueil et la socialisation des jeunes enfants (Garnier *et al.*, 2016a, 2016b), les deux chapitres suivants portent sur les points de vue de très jeunes enfants (entre deux et trois ans) dans quatre collectifs d'enfants : une section de « grands » en crèche, un jardin maternel, une classe passerelle et une classe de « tout-petits et petits », ces deux dernières insérées dans deux écoles maternelles.

Dans le premier, Sylvie Rayna et Pascale Garnier, proposent une réflexion méthodologique pour une approche réflexive de la recherche avec les enfants, autour de la pratique de la photographie par ces jeunes enfants pour dire la qualité de leur vie quotidienne dans ces quatre types de structures d'accueil et d'éducation. Ayant recours à une mosaïque d'outils théoriques issus de divers champs disciplinaires en sciences humaines et sociales comme du monde de la photographie, elles procèdent à un examen thématique des contenus des multiples images produites, s'agissant de préciser les principaux agents de socialisation qui s'en dégagent. D'autre part, au-delà des photographies, c'est-à-dire des sélections faites par les enfants qui nous éclairent sur ce qui importe pour eux dans les environnements physiques et humains des structures qu'ils fréquentent – et bien des « surprises » viennent montrer des dimensions insoupçonnées de leur sensibilité –, Sylvie Rayna et Pascale Garnier insistent sur l'activité photographique elle-même, les processus et les répertoires de pratiques conduisant à ces prises de vue, que la vidéo, comme outil de réflexivité pour les chercheurs, permet de mettre à jour. En précisant les diverses modalités de participation des jeunes enfants-photographes à la recherche, elles montrent la façon dont l'appareil photo peut être un outil de réflexivité, de prise de recul, sur leur vécu, leur activité photographique étant définie comme un apprentissage culturel.

Le chapitre suivant, par Pascale Garnier, articule le point de vue d'un enfant avec celui de ses parents et des professionnelles pour montrer l'importance de la culture matérielle des structures d'accueil et d'éducation des jeunes enfants. Pour étudier en détail comment, à travers les objets, se tissent les premiers apprentissages d'une vie en collectivité, Pascale Garnier a choisi de s'appuyer sur les photos prises par Sandro, un enfant de trois ans, dans le jardin maternel qu'il fréquente. Ces prises de photos, elles-mêmes filmées, sont croisées avec l'observation d'une journée de cet enfant dans cette structure et avec des entretiens avec ses parents et les professionnelles, réalisés avec le support d'un montage-vidéo de 15 minutes du film. Six objets ont été retenus et sont présentés en suivant la chronologie de cette journée de Sandro au jardin maternel : l'arbre à photos, en relation avec les nombreux enfants qu'il a photographiés ; le « micro », pour montrer un des objets qui singularisent l'enfant ; sa trottinette et de nombreux objets pour « bouger » ; les pâtes, comme matière à affiliations et confrontations culturelles ; l'image d'un zèbre, qui relie sa maison au jardin maternel ; une bascule, comme support de jeux à partager avec les autres enfants. L'analyse montre le rôle d'institution du collectif joué par la culture matérielle ainsi que sa dimension d'individualisation et de singularisation de chaque enfant, tissant ensemble sa vie familiale et sa vie en collectivité. Le croisement des regards, sur les mêmes objets, souligne la richesse d'une double triangulation : celle des données empiriques et celle des acteurs pris en compte, l'enfant, ses parents et les professionnelles. En faisant dialoguer ces différents points de vue, l'analyse montre comment l'expérience singulière de Sandro est reconnue et interprétée, à la fois par ses proches et par la chercheure. Grâce à cette méthodologie, la fabrique des significations est mise en partage, tout en insistant sur l'interdépendance des différents points de vue et la singularité de chacun.

Pour clore l'ouvrage, Carmen Dalli, Sarah Te One et Ann Pairman présentent une enquête réalisée auprès de chercheurs néozélandais sur leurs pratiques de la recherche avec les enfants et leurs manières de répondre concrètement aux défis éthiques, déontologiques, culturels et méthodologiques auxquels ils ont été confrontés. Elles commencent par analyser les débats que ce domaine de recherche n'a pas manqué de susciter, conduisant les chercheurs à adopter une posture critique vis-à-vis de leurs propres pratiques pour prendre en compte les exigences d'un travail avec les enfants. Au lieu de considérer les enfants, et les adultes d'ailleurs, comme des êtres transparents et indépendants auxquels il suffirait de donner la parole pour connaître leur propre point de vue, il importe de prendre en compte le déséquilibre des relations entre enfants et adultes et de développer des pratiques de recherche qui leur donnent les moyens d'en être pleinement partie prenante. En analysant les entretiens avec les chercheurs, Carmen Dalli, Sarah Te One et Ann Pairman insistent sur l'importance de prendre au sérieux les enfants comme des participants à la recherche, même si cette démarche conduit à remettre en cause les protocoles prévus et occasionne un certain « désordre » par rapport aux formes académiques du travail scientifique. Les questions du consentement, de l'assentiment et de la transparence dans la recherche sont également traitées. En particulier, les situations interculturelles représentent un défi pour mettre en œuvre des pratiques respectueuses avec les enfants, leurs parents et les communautés, y compris dans la diffusion des résultats. L'investissement des chercheurs dans la durée apparaît également nécessaire pour pouvoir connaître les enfants et développer une confiance réciproque. À travers ces entretiens et une vaste revue de travaux dans ce domaine, les auteures proposent au fil de ce chapitre des cadres ou des outils de questionnement qui permettent aux chercheurs de réfléchir à leurs propres démarches ou instruments, la manière dont leur propre position d'adulte influence la place qu'ils donnent aux enfants dans la recherche. Le maître-mot de ce chapitre conclusif est celui d'une « adaptation à l'objectif », au sens de choix mûrement réfléchis sur les intentions de la recherche, l'adéquation des démarches et des méthodologies aux enfants eux-mêmes et aux milieux dans lesquels ils vivent.

Au total, l'ensemble des chapitres donne à voir la diversité des thématiques travaillées du point de vue des enfants et avec eux, ainsi que la pluralité des méthodologies et des dispositifs mis en œuvre par les chercheurs pour favoriser leur expression. Au-delà de la diversité des recherches, les auteurs de cet ouvrage partagent une position commune : loin d'être figé dans une démarche uniforme ou des « recettes prêtes à l'emploi », ce domaine de recherches requiert créativité et souplesse, adaptation aux réalités de chaque terrain, écoute et confiance dans ce que les enfants ont à nous dire. Malgré son apparente simplicité, il demande aux chercheurs une forte réflexivité à chaque moment de la recherche, depuis l'élaboration de son projet jusqu'à la dissémination des résultats, en passant bien sûr par les relations avec les enfants et leur entourage au cours même du travail d'enquête. Il suppose une interrogation critique permanente sur ce qu'ils pensent aller de soi et un questionnement sur la manière dont ils mettent en jeu leurs propres conceptions de l'enfance et des enfants.

Faire de la recherche avec les enfants est matière à de multiples apprentissages pour les chercheurs et à des exigences éthiques constamment renouvelées : « Les points de vue "assujettis" sont privilégiés parce qu'ils semblent promettre des récits du monde plus adéquats, plus soutenus, plus objectifs, plus transformateurs. Mais *apprendre* à voir d'en bas requiert au moins autant de savoir-faire avec les corps et le langage, avec les médiations de la vision, que les visualisations technoscientifiques "les plus élevées" » (Haraway, 2007, p. 119). Nous espérons que cet ouvrage permettra d'élargir les regards, d'initier des démarches nouvelles et de découvrir de nouveaux outils, de faire évoluer les pratiques, en apprenant avec et aux côtés des enfants.

Références bibliographiques

Broström, S. (2006). Children's perspectives on their childhood experiences. In J. Einarsdóttir & J. T. Wagner (eds.) *Nordic childhoods and early education : Philosophy, research, policy, and practice in Denmark, Finland, Iceland, Norway, and Sweden.* Greeenwich, CT : Information Age, p. 223-256.

Clark, A. (2001). Les jeunes enfants en tant qu'experts : écouter à travers l'approche mosaïque, *Enfants d'Europe*, 1, p. 6-9.

Clark, A. (2003). The Mosaic approach and research with young children. In V. Lewis, M. Kellet, C. Robinson, S. Fruser & S. Ding (eds.) *The reality of research with children and young people.* London : Sage Publications, p. 157-161.

Clark, A. (2007). A hundred ways of listening : gathering children's perspectives of their early childhood environnement, *Young Children*, 63 (3), p. 76-81.

Clark, A. (2011). Breaking methodological boundaries ? Exploring visual, participatory methods with adults and young children. *European Early Childhood Education Research Journal*, 9 (3), p. 321-330.

Clark, A. & Moss, P. (2001). *Listing to Young Children. The Mosaïc approach.* London : National's Children's Bureau.

Clark, A. & Moss, P. (2005). *Spaces to Play : more listening to young children using the Mosaïc Approach.* London : National's Children's Bureau.

Clark, A., Kjorholt, T. & Moss, P. (eds.) (2005). *Beyond listening. Children perspectives on early childhood services.* Bristol : Policy Press.

Conroy, H. & Harcourt, D. (2009). Informed agreement to participate : beginning the partnership with children in research. *Early Child Development and Care*, 179 (2), p. 157-165.

Dahlberg, G. & Moss, P. (2005). *Ethics and politics in early childhood education.* London : Routledge.

Danic, I., Delalande, J. & Rayou, P. (2008). *Enquêter auprès des jeunes et des enfants.* Rennes : Presses universitaires de Rennes.

Delalande, J. (2001). *La cour de récréation. Pour une anthropologie de l'enfance.* Rennes : Presses universitaires de Rennes.

Eide, B. & Winger, N. (2005). From the children's point of view : methodological and ethical challenges. In A. Clark, A. Kjørholt & P. Moss (eds.) *Beyond Listening : Children's perspectives on early childhood services.* Bristol : Policy Press, p. 71-90.

Einarsdóttir, J., Dokett, S. & Perry, B. (2009). Making meaning : children's perspectives expressed through drawing. *European Early Chidhood Education Research Journal*, 179 (2), p. 217-232.

Engdhal, I. (2015). *Educare*, point de vue des enfants et développement durable. In S. Rayna & G. Brougère (dir.) *Le care dans l'éducation préscolaire.* Bruxelles : Peter Lang, p. 59-74.

Flewitt, R. (2005). Conducting research with young children : some ethical considerations. *Early Child Development and Care*, 175 (6), p. 553-567.

Galardini, A.L., Giovannini, D., Mastio, A., Iozelli, S., Contini, L., Rayna, S. (sous presse). *La culture de la petite enfance à Pistoia.* Toulouse : Érès.

Gallacher, L. A. & Gallacher, M. (2008). Methodological Immaturity in Childhood Research : Thinking through 'partipatory research', *Childhood*, 15 (4), p. 499-516.

Garnier, P. (1995). *Ce dont les enfants sont capables.* Paris : Métailié.

Garnier, P. (2014). Childhood as a Question of Critiques and Justifications : Insight into Boltanski's Sociology, *Childhood*, 21 (4), 447-460.

Garnier, P. (2015). L'agency des enfants. Projet politique et scientifique des 'childhood studies', *Éducation et sociétés*, 36, p. 159-173.

Garnier, P., Brougère, G., Rayna, S. & Rupin, P. (2016a). À 2 ans, vivre dans un collectif d'*enfants. Crèche, école maternelle, classe passerelle, jardin maternel.* Toulouse : Érès.

Garnier, P., Brougère, G., Rayna, S. & Rupin, P. (2016b). Children of two to three years of age in France : early childhood settings and age divisions, *European Early Childhood Education Research Journal*, published on line 10 June 2016.

Granier-Deferre, C. & Schaal, B. (2005). Aux sources fœtales des réponses sensorielles et émotionelles du nouveau-né, *Spirale*, 33, p. 21-40.

Haraway, D. (2007). Savoirs situés : la question de la science dans le féminisme et le privilège de la perspective partielle. In D. Haraway, *Manifeste cyborg et autres essais.* Paris : Exils, p. 107-142 (1re édition 1988, trad. D. Petit).

Harris, K. & Barns, S. (2009). Male teacher, female teacher : exploring children's perspectives of teachers' rôles in kindergartens. *European Early Childhood Education Research Journal*, 179 (2), p. 167-182.

Langsted, O. (1994). Looking at quality from the child's perspective. In P. Moss & A. Pence (eds.) *Valuing Quality in Early Childhood Services.* London : Paul Chapman, p. 28-42.

Malaguzzi, L. (1993). History, ideas and basic philosophy. In C. Edwards, L. Gandini & G. Forman (eds.) *The Hundred Languages of Children.* Norwood : Ablex, p. 41-89.

Moss, P. (1996). Vers une définition des objectifs des services d'accueil de la petite enfance. In S. Rayna, M. Deleau & F. Laevers (dir.) *Quels objectifs pédagogiques pour la petite enfance ?* Paris : Nathan-INRP, p. 51-68.

Punch, S. (2002). Research with Children : The Same or Different from Research with Adults?, *Childhood*, 9 (3), p. 321-341.

Rayna, S. (2014). La vie quotidienne à l'école maternelle. In S. Rayna & G. Brougère (dir.) *Petites enfances, migrations et diversités.* Bruxelles : Peter Lang, p. 165-191.

Sheridan, S. & Pramling Samuelsson, I. (2001). Children's conceptions of participation and influence in preschool, *Contemporary Issues in Early Chilhood*, 2 (2), p. 164-194.

Stephenson, A. (2009). Horses in the sandpit : photography, prolonged involvement and 'stepping back' as strategies for listening children's voices. *Early Child Development and Care*, 179 (2), p. 131-141.

Thompson, P. (ed.) (2008). *Doing visual research with children and young people.* New York : Routledge.

Woodhead, M. (1997). Psychology and the cultural construction of children's needs. In A. James & A. Prout (eds.) *Constructing and reconstructing childhood.* Basingstoke : Falmer Press, p. 63-77.

Les jeunes enfants protagonistes de la recherche et le rôle des méthodes visuelles participatives[1]

Alison CLARK[2]

Comment donner un statut aux points de vue, idées et intérêts des enfants de moins de six ans dans les processus de changement ? Ce chapitre porte sur la contribution des méthodes visuelles participatives conçues pour permettre aux jeunes enfants de documenter leurs expériences et faciliter les échanges avec les adultes. Nous présenterons des exemples, à partir de trois recherches effectuées dans le préscolaire, qui ont débouché sur l'approche mosaïque (Clark & Moss, 2011 ; Clark, 2010), en réunissant des outils à la fois visuels et verbaux dans le cadre de rencontres visant la co-construction de connaissances. Faire de la recherche *avec* les enfants et non *sur* les enfants peut redessiner les liens entre rôle des adultes et rôle des enfants dans la recherche, et en particulier les relations avec ceux qui contribuent à la production des résultats.

C'est ce dont nous discuterons ici, après avoir présenté cette approche. Tout d'abord, nous traiterons du rôle des jeunes enfants dans les recherches-action participatives, à l'aide d'exemples extraits d'études ayant adopté l'approche mosaïque. Puis, nous analyserons l'influence de cette approche sur le rôle des adultes dans le processus de la recherche, du point de vue du chercheur et du destinataire de la recherche. Cela nous conduira à discuter la contribution des méthodes participatives visuelles au développement d'une connaissance démocratique qui inclut les points de vue des adultes et des enfants.

Les enfants, des participants actifs de la recherche

La sociologie de l'enfance a contribué à revoir le rôle des enfants dans la recherche. Christensen et James (2008) ainsi que Mayall (2008), font partie des auteurs qui ont développé une conception des enfants comme des participants actifs à la recherche et qui ont des idées importantes sur

---

[1] Ce chapitre constitue la nouvelle version, autorisée, d'un article publié par Alison Clark en 2010 : Young children as protagonists and the role of participatory visual methods in engaging multiple perspectives, *American Journal of Community Psychology*, 46 (1-2), p. 115-123. Traduction : Sylvie Rayna.

[2] Chercheuse associée, Unité de Recherche Thomas Coram UCL Institut d'Éducation, Londres.

leurs vies à offrir. L'étude détaillée de leur vie quotidienne peut englober les points de vue du chercheur et les expériences, en direct, des enfants eux-mêmes (par exemple, Burke, 2008 ; Edmond, 2005). Dans cette perspective, les enfants peuvent être considérés comme des chercheurs ou des co-chercheurs.

Une seconde impulsion à cette réévaluation du rôle des enfants et des adultes dans la recherche provient de la Recherche-Action Participative (PAR) (Fals-Borda, 2006 ; Park, 2006) qui met en avant les questions liées au pouvoir, à la connaissance et la participation. Le pouvoir et la participation sont des concepts étroitement imbriqués (Gaventa & Cornwall, 2006). Il y a ici un terrain partagé avec les perspectives post-modernes, ainsi que l'affirment Reason et Bradbury : « L'accent est également mis sur la relation intime entre connaissance et pouvoir, sur la façon dont la construction de connaissances crée, selon les diverses formes politiques et culturelles, une réalité qui favorise ceux qui ont du pouvoir » (2006, p. 7). Pour ces auteurs, la recherche-action offre une voie pour redresser ces déséquilibres, en allant au-delà de la mise en évidence des différences de pouvoir, par l'exploration des formes démocratiques de construction des savoirs. Fine décrit un tel processus alternatif de construction des connaissances, en accordant de la valeur au développement de la Recherche-Action Participative : « [...] le travail des PAR inverse délibérément les rôles de ceux qui construisent les questions, objectifs, méthodes, interprétations et résultats de la recherche, de ceux qui contrôlent ou de ceux qui ont l'autorité pour parler des dispositifs sociaux » (Fine, 2007, p. 1).

Il existe une association étroite entre le développement de Recherches-Action Participatives et les groupes marginalisés (Gaventa & Cornwal, 2006), comme le montrent les programmes ruraux d'évaluation participative. Cette évaluation privilégie à la fois les méthodes de communication et les connaissances locales portées par les membres d'une communauté (Chambers, 1997). Les questions de pouvoir sont centrales quant au développement de ces approches. Des méthodes ont été élaborées pour donner un nouveau statut aux populations et aux connaissances locales, même si le débat sur l'*empowerment* donné ou non aux communautés par ces méthodes reste ouvert (Cooke & Kothari, 2001).

L'adoption de méthodes participatives par les recherches conduites dans le champ de la petite enfance se présente de façon similaire : il s'agit de reconnaître les questions de pouvoir dans la recherche (Christensen & Prout, 2002). Il y a en effet une tentative de saisir les expériences directes des enfants et de donner de la valeur et un statut à leurs points de vue. Le terme co-chercheur indique cette intention de partager le pouvoir dans la recherche. La photographie est un outil utilisé dans ces travaux pour donner aux enfants et aux jeunes le moyen de documenter leurs expériences et priorités (Burke, 2008 ; Thomson, 2008). Burke l'a montré dans une étude des conceptions du voisinage chez des enfants, co-chercheurs, qui documentent leurs espaces de jeu, en prenant et affichant des photos. Pour Rose (2007), certaines méthodologies visuelles comportent une conscience du lieu de production des photos, un examen de ces images et des destinataires de la recherche. Dans cette perspective, les photos sont aussi ouvertes à l'interprétation que d'autres matériaux de recherche, ce ne sont pas des fenêtres transparentes sur les mondes des autres.

Faire sens et apprendre

Les enfants, conçus comme des co-chercheurs et comme constructeurs de connaissances, peuvent avoir une autre compréhension dans les situations d'apprentissage. On peut alors assimiler le terme de co-chercheur à celui de « faiseur de signification » (*meaning-makers*). C'est le terme utilisé par Wells (1986) dans son étude du développement du langage des jeunes enfants. Cette conception des enfants comme « faiseurs de signification » relève d'une vision constructiviste de l'apprentissage qui les conçoit comme ayant un rôle actif dans la construction des connaissances dans un contexte social donné (Rogoff, 2003 ; Vygotsky, 1978). Il y a ici un parallèle avec la conception de l'enfant fortement affirmée par la sociologie de l'enfance. De nombreux débats, dans le champ de la petite enfance, ont concerné le rôle de l'adulte dans la facilitation, le soutien ou l'étayage des apprentissages des enfants (voir, par exemple, Lambert & Clyde, 2000). Quelques institutions de la petite enfance ainsi que des écoles se sont repositionnées dans cette perspective où les adultes prennent un rôle de co-apprenant dans une communauté d'apprenants et cela, à l'échelle d'une commune comme celle de Reggio Emilia ou Pistoia par exemple (Rinaldi, 2001 ; Rogoff *et al.*, 2001 ; Galardini *et al.*, sous presse).

Jeunes enfants, construction des significations et recherche participative

Il y a plusieurs obstacles liés au pouvoir et à la communication qui entravent l'implication des jeunes enfants comme participants actifs dans la recherche. L'âge et le stade de développement peuvent accentuer les différences de pouvoir entre le chercheur adulte et le participant à la recherche. Un tel fossé, au niveau du pouvoir, peut être plus large encore lorsque l'enfant appartient à d'autres groupes marginalisés, si on prend en compte le genre, la classe sociale, l'ethnicité. Les jeunes enfants peuvent être considérés comme présentant des « difficultés de communication » dans le cadre de recherches, souvent en raison du fait qu'ils ne savent

23

ni lire ni écrire. Quoiqu'il en soit, comme dans les programmes ruraux évoqués plus haut, nous pouvons penser les difficultés de communication comme relevant du chercheur plutôt que des participants concernés. Une des solutions est alors de rapprocher les méthodes participatives et les concepts et pratiques liés à la construction des significations.

Ces méthodes participatives et ces conceptions de l'enfant comme « faiseur de signification » marquent profondément le développement de l'approche mosaïque (Clark & Moss, 2001/2011 ; Clark, 2005, 2010) qui est fondée sur les points forts de plusieurs méthodes de recueil des visions et expériences des enfants sur leur vie de tous les jours. « Fondées sur les points forts » renvoie aux bases théoriques d'une approche qui englobe une conception de jeunes enfants compétents, « experts de leur propre vie » (Langsted, 1994), communicateurs avisés, participants actifs, « faiseurs de significations », chercheurs et explorateurs (Clark & Moss, 2005, p. 5-8). L'attention explicite aux valeurs sur lesquelles se fonde la recherche est un des principes que l'approche mosaïque partage avec la recherche-action. Reason et Bradbury conçoivent cette dernière comme « fortement fondée sur des valeurs et orientée sur des sujets significatifs concernant l'épanouissement des personnes humaines, de leurs communautés et de l'écologie plus large à laquelle elles participent » (2006, p. xxiii).

La formule « experts de leur propre vie » est devenue une manière de résumer le point de vue théorique de l'approche mosaïque. Elle vient du sociologue danois Langsted, lors de sa participation à une étude comparative de la vie quotidienne d'enfants de cinq ans dans les pays nordiques :

> Nous avons essayé de faire en sorte que les enfants soient *experts de leurs propres vies* et qu'ils le sachent. De nombreux enfants n'étaient vraiment pas habitués à être considérés comme les sources les plus importantes d'information sur leurs vies – en tout cas par un adulte qui les connaissait à peine. Il est évident que cela les a beaucoup motivés à prendre une part active aux entretiens (Langsted, 1994, p. 35)[3].

L'approche mosaïque réunit observations, entretiens et outils participatifs pour co-construire avec les enfants une image composite ou « mosaïque » de leur vie. L'essentiel est de leur permettre de jouer un rôle actif dans cette co-construction, par l'exploration des significations avec leurs pairs, les chercheurs et d'autres adultes, grâce à des outils participatifs qui privilégient autant les méthodes visuelles ou kinesthésiques et le processus de la recherche, que les productions.

---

[3]   L'étude de Langsted est intitulée « Modern Childhood in the Nordic Countries Project » (BASUN).

Les enfants prennent des photographies qui peuvent être rassemblées dans des albums « physiques » ou être partagées avec les adultes et les enfants sur un ordinateur. Des visites par de jeunes enfants, qui prennent en même temps des photos et des enregistrements audio, permettent de guider les adultes dans des environnements familiers. L'idée de la visite comme méthode provient de dispositifs de Développement International[4] où des « promenades » sont utilisées dans l'évaluation rurale participative pour permettre aux communautés analphabètes de partager leurs connaissances locales (Hart, 1997). L'utilisation de ces visites guidées par l'enfant privilégie les façons dont les jeunes enfants communiquent activement de manière visuelle.

Les clichés pris lors de ces visites peuvent être assemblés par les enfants sous forme de cartes qui peuvent aussi comporter des dessins et des commentaires écrits (Clark, 2011a). Les enfants peuvent choisir de faire une carte individuelle ou collective avec deux ou trois autres enfants. Ces cartes sont conçues comme des enregistrements, personnels et non géographiques, de l'espace (Harmon, 2004) où ils peuvent explorer leurs sentiments actuels et passés.

> Par exemple, la visite de deux enfants de quatre ans, impliqués dans la réalisation partagée d'une carte de leur cour de récréation (Clark & Moss, 2005, p. 37-43), comprenait une photo prise par l'un d'eux d'un tas de bicyclettes cassées. Les adultes avaient retiré ces bicyclettes de l'espace de jeu et les avaient mises derrière une barrière Les garçons ont amené les chercheurs à voir le « méli-mélo de vélos ». Ils ont parlé avec tendresse de ces vieux vélos et ajouté la photo des vélos sur leur carte. Ainsi celle-ci réunit, à la façon d'un palimpseste, des souvenirs de leur environnement et leurs expériences actuelles.

Cette documentation, avec ses différentes strates, peut rendre plus visibles les points de vue des enfants et permettre ainsi d'engager des discussions avec des pairs, des professionnels, des chercheurs et des parents.

Un autre outil catalyseur des échanges, « le tapis magique », donne la possibilité aux enfants de voir et de commenter des images d'autres environnements (Clark & Moss, 2005, p. 43-45). L'idée est de les emmener dans un voyage imaginaire, en tapis volant, pour voir différents endroits. Il peut s'agir de photos, prises par des enfants et des adultes qui sont visionnées par un petit groupe d'enfants sur un ordinateur ou par une classe entière à l'aide d'un vidéoprojecteur ou un autre moyen technique. Dans une structure préscolaire, par exemple, qui avait l'intention de

---

[4] Il s'agit du champ disciplinaire relatif au développement de programmes dans le monde entier et en particulier dans les pays en développement.

transformer sa cour de récréation, l'activité « tapis magique » a été menée dans le « coin maison ». Les enfants ont regardé ces images et fait des commentaires sur leur cour, le parc local et le centre de la ville ainsi que sur l'espace de jeu aménagé par le chercheur.

La souplesse de l'approche permet l'usage d'autres méthodes, selon les forces ou les besoins des enfants et les visées spécifiques de la recherche. L'accent est mis sur l'ajustement par le chercheur aux modes de communication préférés des enfants et non sur ceux avec lesquels il est le plus à l'aise.

La documentation produite sous forme d'album de photos, de cartes et de projections offre une plate-forme pour communiquer. Visionner et examiner le matériel avec ceux qui ont participé à la recherche et d'autres personnes fait partie intégrante du processus. Ceci est lié à une autre caractéristique de la recherche-action qui, selon Reason et Bradbury : « [...] implique les gens dans des relations collaboratives, ouvrant de nouveaux "espaces de communication" dans lesquels le dialogue peut se développer » (2006, p. xxii).

Les études

L'approche mosaïque a été initialement développée au cours de la recherche *Listing to young children* (Clark & Moss, 2011), avec un groupe d'enfants de trois à cinq ans et un autre d'enfants de huit mois à deux ans. Le but de cette étude était d'inclure la « voix de l'enfant » dans l'évaluation de plusieurs dispositifs destinés aux enfants et à leurs familles. Le principal catalyseur pour réunir un ensemble d'outils verbaux, matériels et visuels était de nous accorder aux divers moyens de communication adoptés par les jeunes enfants. Cela nous a conduit à inclure des appareils photographiques, pour leur permettre de s'exprimer à l'aide d'un medium amusant pour eux et qui a un statut dans le monde adulte (Clark & Moss, 2011).

La seconde étude, *Spaces to Play* (Clark, 2005 ; Clark & Moss, 2005), a adapté l'approche mosaïque pour impliquer de jeunes enfants de trois et quatre ans dans le réaménagement d'un espace de jeu extérieur. Cette étude de cas finalisée a permis de tester la possibilité d'appliquer ces méthodes et de placer les points de vue d'enfants au centre du projet.

L'objectif de la troisième étude, *Living spaces* (Clark, 2010), était de placer au centre de projets relatifs à la planification de nouveaux espaces, les expériences qu'ont les jeunes enfants de leur structure. Le premier projet concernait le déménagement de la *nursery class* et la *réception class*[5] dans une école primaire ; le second portait sur la façon d'amener des enfants et adultes à raménager un récent *children's center*[6].

Toutes les études citées impliquent le brouillage des frontières entre les rôles des enfants et ceux des adultes dans la recherche (Reason et Bradbury, 2006). C'est pourquoi il est nécessaire d'examiner ce sur quoi ces différents rôles reposent. Les sections suivantes illustrent les rôles multiples joués par les enfants et moi-même, chercheure adulte, dans les études qui ont utilisé l'approche mosaïque, avant d'examiner les liens avec les destinataires de la recherche.

Le rôle des jeunes enfants dans la recherche-action participative

Partager le pouvoir avec ceux qui participent à la recherche peut se faire sous différentes formes et à différentes étapes du processus. On peut commencer avec les jeunes enfants en leur laissant ou en partageant le contrôle des outils de la recherche.

Cadrer la recherche ?

Clare, âgée de quatre ans, photographie son amie Meryl[7], également âgée de quatre ans, en train de la photographier (*cf. photo 1*). Cette image est extraite de *Listening to young children*. C'est une représentation d'enfants co-chercheurs. Elles ont utilisé des appareils photographiques parmi les outils visant à savoir « ce que signifie être ici ». Leurs photos des objets, des lieux et des gens importants ont été le catalyseur des discussions et interprétations ultérieures. L'enfant figurant sur la photo et la jeune photographe ont joué un rôle actif aux côtés de la chercheure. Le déroulement global de la recherche a été programmé par la chercheure mais les enfants ont été impliqués directement, comme constructeurs de connaissances et ont eu l'occasion de « penser ce qu'ils pensent » d'un environnement particulier, à l'aide d'un éventail d'outils de communication.

Dans les études utilisant l'approche mosaïque, quelques enfants ont montré en quoi la photographie leur permet de perturber ou de subvertir

---

[5]   La *nursery class* est une classe préscolaire (trois à quatre ans), la *reception class* est une classe qui accueille dans les écoles élémentaires les enfants qui n'ont pas atteint cinq ans, l'âge de la scolarité obligatoire au Royaume Uni.

[6]   Il s'agit d'un centre intégré de la petite enfance, une initiative du gouvernement anglais qui réunit divers services éducatifs et sociaux pour les familles et les enfants de moins de six ans.

[7]   Les noms des enfants ont été changés tout au long de ce texte.

le programme de la recherche. L'exemple suivant est issu de *Spaces to Play* où il s'agissait de repenser une aire de jeu extérieur (Clark & Moss, 2005).

> Un garçon de trois ans, qui a réalisé un album photo de l'espace extérieur, a insisté pour placer sur la couverture une photo des toilettes situées à l'intérieur. Sa mère, en voyant l'album, a confirmé que les toilettes étaient sa préoccupation actuelle, qui l'a donc emporté sur ce qui était prévu dans la recherche.

Pour Christensen (2004), il importe de s'ajuster aux « cultures de communication » des enfants. L'utilisation d'appareils photographiques, dans l'approche mosaïque, va dans le même sens. Les photos ont une « crédibilité » dans un monde adulte reconnu par beaucoup d'enfants rencontrés dans nos études et dans celles réalisées par d'autres avec la même approche (Einarsdóttir, 2005). Mais, comme le dit Einarsdóttir, tous les jeunes enfants ou tous les adultes ne sont pas à l'aise avec ce mode visuel de communication. Aussi, il convient, dans la recherche-action participative, de recourir à des moyens multiples de construction des connaissances.

Des rôles multiples

Il est improbable que toutes les activités et tous les outils soient accessibles à tous les jeunes enfants dont les compétences, les personnalités et les environnements diffèrent. D'où la nécessité d'employer plusieurs méthodes si l'on veut être aussi inclusif que possible et « jouer avec les forces des jeunes enfants ». Avec, pour conséquence, le fait que les enfants soient capables d'expérimenter une série de rôles très familiers ou considérés comme des « rôles d'adultes ». L'exemple suivant, d'un enfant aux rôles multiples, provient de *Living Spaces* (Clark, 2010).

> Jules, qui avait quatre ans au début de l'étude, faisait partie d'un groupe de 23 enfants de la *nursery* et *reception class* qui ont participé à la première phase du travail de terrain de la troisième année de la recherche (Clark, 2010, p. 57-63). Il était un locuteur confirmé et l'un des nombreux enfants de cette école pour lesquels l'anglais était une nouvelle langue (sa première langue était le français). Cette phase a duré trois mois. L'objectif était d'en savoir davantage sur les expériences des jeunes enfants dans leur environnement. Six mois après, ont commencé des activités participatives pour recueillir leurs idées pour l'aire de jeu extérieure. La phase finale a eu lieu dix-huit mois plus tard, Jules faisant partie des 29 enfants qui ont participé à la conception d'un nouvel aménagement.
>
> Dans la première phase, les enfants ont participé à une série d'activités visant à connaître leurs points de vue sur leur environnement. Cela leur a donné l'occasion d'exercer un certain nombre de compétences et d'expérimenter

différents rôles avec la chercheure. Au début, la chercheure est venue observer, pendant plusieurs jours, l'utilisation de l'espace intérieur et extérieur par les enfants.

Jules faisait partie d'un groupe à qui nous avons demandé de photographier les lieux importants de la *nursery*, à l'aide d'un appareil jetable. Il a visionné ses photos et en a sélectionné quelques unes pour son album sur la *nursery*. Il y a ajouté ses propres légendes. Durant le processus, il a joué plusieurs rôles, dont celui de photographe, d'auteur et de « documenteur ». Il a ensuite guidé la chercheure, avec Holly, une enfant de sa classe, pour une visite des lieux, avec un appareil photographique et un magnétophone digitaux. Il a fait ses propres commentaires, en présentant à la chercheure sa connaissance locale de l'espace. Sont apparues des idées ayant trait à d'importants « marqueurs » spatiaux, significatifs pour de nombreux enfants, que les professionnels n'avaient pas remarqués. Les patères en font partie. Jules a photographié sa patère et a pris du plaisir à trouver des objets avec leur nom dessus. Il a demandé à être pris en photo à côté de l'étiquette avec son nom.

L'activité suivante a été de réaliser une carte à partir de la visite, en utilisant ses dessins et photos. Ce fut un processus discursif qui a impliqué Jules dans la discussion des clichés, avec le chercheur et des pairs, ainsi que dans la sélection d'objets, de lieux et de personnes montrant ce qui est important dans la *nursery*. Il ne s'agissait pas d'une quête de « bonne » réponse mais d'une exploration de la construction de significations. Ces activités ont été complétées par des entretiens informels, avec des paires d'enfants, qui ont apporté d'autres informations sur leur compréhension de l'espace, et en particulier l'importance de l'extérieur et d'éléments spécifiques de l'équipement de jeu, comme dans cet extrait de discussion avec Jules et Moly :

> Chercheure : Où est ton endroit préféré à l'intérieur ?
> Jules : Dehors !
> Chercheure : Où est ton endroit préféré dehors ?
> Moly : Les vélos.
> Jules : Les ballons.

Dans la nouvelle phase de la recherche, la chercheure a réalisé un album collectif et non individuel avec le matériel produit par les enfants. Jules a aidé à revoir les contenus, en commentant les photos choisies et leur légende. Cet album est devenu l'album de recherche de la classe, ainsi qu'un « espace communicatif » à partager avec les professionnelles et l'architecte.

L'espace de réflexion était une partie importante de la relation de recherche, établie sur plusieurs mois avec Jules et ses pairs. Chaque nouvelle discussion commençait par un retour sur les photos et les commentaires des enfants, produits au cours de l'étude. Le matériel digital a facilité tout cela, dans la mesure où les enfants pouvaient revoir les images sur un ordinateur portable et utiliser la « souris » pour contrôler les photos sur lesquelles ils voulaient s'arrêter et discuter.

Cette étude longitudinale a mis l'accent sur le fait que la construction de significations n'est pas un événement ponctuel, statique, mais une relation dynamique, continue, entre les enfants, le matériel et les lieux où ils passent de nombreuses heures chaque jour (Olsson, 2009).

Durant *Living Space*, Jules et d'autres enfants ont expérimenté tout un ensemble de rôles : interviewé, photographe, artiste, enseignant, apprenant, géographe, évaluateur, auteur, chercheur, observé, commentateur, documenteur, guide. Tous les enfants n'ont pas joué tous ces rôles, mais ils ont été des « ingrédients actifs » qui ont conduit à la co-construction du matériel de la recherche et de son interprétation.

Le rôle du chercheur dans la recherche-action participative

Des voix authentiques

Très tôt, l'idée de transformer les rôles des enfants, dans la recherche, a eu des conséquences sur les adultes « en jeu ». Si l'accent est placé sur la co-construction et non sur une extraction du sens, des occasions sont offertes pour des relations différentes et potentiellement créatives. Un chercheur qui partage le pouvoir avec les enfants renonce alors au besoin de « connaître toutes les réponses ». La littérature relative à la méthodologie de la recherche avec les enfants indique un continuum dans les conceptions du rôle des chercheurs, depuis celui du "moins adulte" (Mandell, 1991 ; Thorne, 1993) à celui d'expert (Greene & Hill, 2005), en passant par celui d'adulte intéressé (Mayall, 2008). Divers termes ont été employés pour décrire le rôle se situant entre un rôle "moins adulte" et un rôle d'expert. Tammivaara et Enright (cités par Carr, 2000, p. 46) évoquent un chercheur qui « fait le naïf » (en montrant qu'il a besoin d'aide et de guidage. On peut également parler de « novice authentique » (Clark & Moss, 2005), le chercheur reconnaît alors des lacunes dans sa compréhension de certaines situations. Ce rôle a été un de ceux joués dans le cadre de l'approche mosaïque. Il a été important pour la chercheure, notamment dans l'exemple de *Living Spaces*. Le terme « authentique » implique de ne pas prétendre connaître ce que sont les expériences enfantines de l'espace, mais d'espérer réellement apprendre des enfants leur perception de leur environnement.

Au cours de *Living Spaces*, la chercheure a joué tout un éventail de rôles : photographe, observatrice, artiste, enseignante, apprenante, visiteuse, auteure, documenteure, évaluatrice, interviewer, facilitatrice, chercheure, commentatrice. Cet éventail indique la complexité du processus visant à inclure les jeunes enfants comme co-chercheurs. On observe un chevauchement entre les rôles joués par les adultes et les enfants, chacun agissant par moment comme documenteurs, photographes, examinateurs et évaluateurs, par moment comme enseignants et artistes. La dimension artistique est attestée lorsqu'on explore des idées par un grand éventail de moyens. Les cartes des enfants en sont un exemple, avec l'usage conjoint de dessins, de photos et de textes (Clark, 2011a). Le rôle d'enseignant, chez la chercheure, a consisté notamment à montrer aux enfants l'utilisation des appareils photographiques et à faire fonctionner le magnétophone digital et l'ordinateur portable. Pour autant, certaines fonctions étaient de la responsabilité des enfants et d'autres de celle de la chercheure. L'équilibre entre participation active des enfants et des adultes a *évolué* au fil de la recherche, dont l'idée revenait à l'adulte, à partir d'études antérieures et de premiers échanges avec les professionnels et les architectes. La chercheure a joué un rôle actif dans l'observation des enfants et les entretiens.

Les enfants, quant à eux, ont joué un rôle de plus en plus actif lors du recueil des données. Ils ont été les seuls guides des visites et ont pris en main la réalisation des cartes. Lors de l'examen du matériel, l'adulte chercheur était responsable et a agi comme facilitateur auprès des enfants, des professionnels, des parents et des architectes. Bien que les jeunes enfants aient pris part aux discussions, l'adulte chercheur a dirigé l'identification des thèmes communs dans les différentes séries de données. La chercheure a été responsable de la rédaction. Lors de la diffusion de la recherche, les enfants photographes ont joué un rôle significatif dans la communication de leurs points de vue, cependant davantage d'attention est à accorder à une inclusion plus effective des jeunes enfants à cette étape du processus.

Faire de la recherche avec les enfants, utiliser des méthodes participatives, ne signifie pas que les adultes chercheurs sont en train d'abandonner leurs rôles, c'est la nature de leurs rôles qui change en raison des nouvelles occasions de co-construire des significations. Les nouvelles connaissances peuvent en retour soulever des décisions éthiques quant à la façon de partager le matériel et avec qui. Travailler avec de jeunes enfants comme co-chercheurs accroit le besoin, pour l'adulte, de préciser les nouvelles connaissances qu'il convient de partager seulement avec les parents et les professionnels, et quels aspects des vies des jeunes enfants peuvent être rendus visibles à un public plus large.

Une autre exigence pour le chercheur, dans la recherche-action participative, est celle d'avoir du temps pour l'auto-réflexion critique (Torbert, 2006), la rédaction d'articles et la présentation de communications à des colloques. En reprenant Gavinta et Cornwall : « cet auto-apprentissage critique est important non seulement pour les acteurs faibles et sans pouvoir, mais aussi pour les acteurs qui ont plus de pouvoir mais peuvent être piégés par leurs versions de leurs situations » (2006, p. 77).

Le rôle des destinataires de la recherche
dans la recherche-action participative

La transformation des rôles des enfants dans la recherche a-t-elle une influence sur les destinataires de la recherche ? La formule « destinataires de la recherche » est utilisée ici pour parler des adultes aux divers rôles, des professionnels concernés par les résultats de la recherche. Toutefois, le mot « destinataire » suggère la présentation d'un produit final, la diffusion de la recherche pouvant alors se réduire à un événement ponctuel. La recherche-action participative tend à établir une relation différente avec les autres, au-delà du groupe de recherche immédiat. Il y a une attente de changement, une implication active avec des personnes et des groupes qui sont parties prenantes d'un cycle d'analyse, de discussion et d'action sur les nouvelles idées développées au cours de la recherche (Carr & Kemmis, 1986). L'approche mosaïque visait cette relation active. Au lieu de présenter un rapport final aux architectes, pour *Living Space*, nous avons choisi d'échanger avec eux au fil des deux projets, et de les rencontrer régulièrement. Ceci est lié à la définition de la recherche-action comme : « ...un processus vivant qui ne peut être pré-déterminé mais qui change et se développe à mesure que ceux qui y sont engagés approfondissent leur compréhension des questions à traiter et accroissent leur capacité comme co-enquêteurs, individuellement et collectivement » (Reason & Bradbury, 2006, p. xxii). Grâce aux échanges et rencontres, les points de vue des enfants ont été médiatisés dans les discussions à partir des photos et cartes réalisées lors de la première phase de la recherche. Ces cartes contenaient les dessins des enfants et leurs photos de leur *nursery*. Elles ont été discutées avec les architectes et ont fonctionné comme catalyseur, rendant visibles les sujets prioritaires, intérêts et points de vue des enfants sur leur environnement. Ces discussions ont été complétées par d'autres matériaux de recherche produits par les enfants : des photocopies des albums photo qu'ils ont réalisés sur leur *nursery* et une projection des visites guidées par les enfants dans la *nursery* et ses alentours.

L'objectif de ces discussions n'était pas de remplacer l'expertise professionnelle des architectes dans la planification des futurs espaces. En fait, il s'agissait d'accroître leur compréhension de la perception de l'environnement par ces jeunes utilisateurs de l'espace et cela, pour s'appuyer sur leur expertise, dans des perspectives nouvelles. Le rôle de la chercheure a été une partie importante de la médiation qui s'est instaurée entre les architectes et ces artefacts. Sans cette « passerelle », l'essentiel des interprétations des enfants serait resté inaccessible.

Des formes démocratiques de création de connaissances pour jeunes enfants et adultes

Une question se pose : y aurait-il des méthodes de recherche participative uniquement pour les jeunes enfants ? Il semble que les méthodes visuelles participatives avec de jeunes enfants ont facilité de nouvelles possibilités de communication intergénérationnelle ainsi qu'avec les professionnels. Comme évoqué plus haut, un des catalyseurs vient de la recherche et de projets avec des *adultes* utilisant des techniques issues des programmes participatifs ruraux. Quelques adaptations de ces méthodes, qui fonctionnent avec les jeunes enfants, ont été réalisées dans des études avec des adultes peu entendus, pour rendre leurs « voix » plus visibles (Clark, 2011b). Le défi était de voir si appliquer le paradigme de la participation et travailler avec des outils, tels que la visite guidée et la réalisation de cartes, pouvait soutenir la réflexion des professionnels et des parents, et le partage de leurs points de vue sur leurs environnements. D'où la réalisation de nouvelles mosaïques de cartes par des adultes et de jeunes enfants vivant dans la même structure de vie collective. Ces artefacts ont offert des passerelles qui ont facilité leur participation (Clark, 2010, 2014).

Cela suggère que l'âge n'est pas un problème dans la recherche-action participative, même si la sensibilité et l'imagination sont requises pour pouvoir s'accorder aux personnes concernées, quelles que soient leurs forces. Ce qui est le plus important est le fondement théorique : les conçoit-on comme des « experts de leurs propres vies », des communicateurs compétents, des participants actifs, des faiseurs de sens, des chercheurs et explorateurs ?

Toutes ces études qui utilisent l'approche mosaïque montrent que la capacité de démultiplier les rencontres quotidiennes, pour co-construire des significations, constitue une contribution importante à la recherche d'une construction démocratique de connaissances, quel que soit l'âge de ceux qui y participent. Créer des espaces de communication, pour revisiter et repenser, n'est pas un « supplément » pesant et chronophage, mais une part centrale du processus.

Conclusion

Ce chapitre a examiné la façon dont les jeunes enfants peuvent jouer un rôle actif dans la recherche-action participative. La construction des connaissances par les enfants a été encouragée, dans la recherche concernant l'enfance, par des chercheurs travaillant avec des enfants et des adultes dans des recherche-action participatives. Les approches participatives ont ainsi relancé une conception de l'apprentissage selon laquelle les jeunes enfants sont des « faiseurs de sens ».

Les méthodes de recherche visuelle et participative offrent des possibilités aux jeunes enfants et aux adultes de s'engager dans des formes alternatives de construction de connaissances qui présentent des défis aux chercheurs et aux destinataires de la recherche. Ces explorations complexes ne donnent pas de solutions rapides et toutes prêtes à l'engagement des « utilisateurs » mais elles peuvent contribuer à de nouvelles compréhensions entre enfants et adultes, professionnels et communautés. On peut les considérer comme une forme de « connaissance lente », porteuse de résultats surprenants et gratifiants que des questionnaires ne pourraient pas obtenir.

Références bibliographiques

Burke, C. (2008). "Play in focus" : children's visual voice in participative research. In P. Thomson (ed.) *Doing visual research with children and young people.* London : Routledge, p. 23-36.

Carr, M. (2000). Seeking children's perspectives about their learning. In A. Smith, N. Taylor & M. Gollop (eds.) *Children's voices : Research, policy and practice.* Auckland : Pearson Education, p. 37-55.

Carr, W. & Kemmis, S. (1986). *Becoming critical : Knowledge, education and action research.* London : Falmer Press.

Chambers, R. (1997). *Whose reality counts? Putting the last first.* London : Intermediate Technology.

Christensen, P. (2004). Children's participation in ethnographic research : Issues of power and representation. *Children and Society*, 18, p. 165-176.

Christensen, P. & James, A. (eds.) (2008). *Research with children : Perspectives and practices* (2nd ed.). London : Routledge.

Christensen, A. & Prout, A. (2002). Working in ethical symmetry in social research with children. *Childhood : A Global Journal of Child Research*, 9 (4), p. 474-497.

Clark, A. (2005). Ways of seeing : Using the Mosaic approach to listen to young children's perspectives. In A. Clark, P. Moss & A. Kjørholt (eds.) *Beyond listening : Children's perspectives on early childhood services.* Bristol : Policy Press, p. 29-49.

Clark, A. (2010). *Transforming Children's Spaces : children's and adults' participation in designing learning environments.* London : Routledge.

Clark, A. (2011a). Multimodal mapmaking with young children : exploring ethnographic and participatory methods, *Qualitative Research*, 11 (3), p. 311-330.

Clark, A. (2011b). 'Breaking methodological boundaries : exploring visual, participatory methodologies with adults and young children', *European Early Childhood Education Research Journal*, 19 (3), p. 321-330.

Clark, A. (2014). Developing and adapting the Mosaic approach. In A. Clark, R. Flewitt, M. Hammersley & M. Rob (eds.) *Understanding Research with Children and Young People*. London : Sage, p. 200-209.

Clark, A., & Moss, P. (2011). *Listening to young children : The Mosaic approach*. Second edition. London : National Children's Bureau.

Clark, A. & Moss, P. (2005). *Spaces to play : More listening to young children using the Mosaic approach*. London : National Children's Bureau.

Cooke, B. & Kothari, U. (eds.) (2001). *Participation : the new tyranny?* London : Zed Books.

Einarsdóttir, J. (2005). Playschool in pictures : Children's photographs as a research method. *Early Child Development and Care*, 175 (6), p. 523-542.

Emond, R. (2005). Ethnographic research methods with children and young people. In S. Greene & D. Hogan (eds.) *Researching children's experiences : Approaches and methods*. London : Sage, p. 123-139.

Fals-Borda, O. (2006). Participatory (action) research in social theory : Origins and challenges. In P. Reason & H. Bradbury (eds.) *Handbook of Action Research : Concise paperback edition*. London : Sage, p. 27-37.

Fine, M. (2007). *A Brief history of the participatory action research collective. Participatory Action Research Collective*. En ligne : http://www.gc.cuny.edu/che/start.htm.

Gaventa, J. & Cornwall, A. (2006). Power and knowledge. In P. Reason & H. Bradbury (eds.) *Handbook of action research : Concise paperback edition*. London : Sage, p. 71-82.

Greene, S. & Hill, M. (2005). Researching children's experience : Methods and methodological issues. In S. Greene & D. Hogan (eds.) *Researching children's experience : Approaches and methods*. London : Sage, p. 1-21.

Harmon, K. (2004). *You are here : personal geographies and other maps of the imagination*. New York : Princeton Architectural Press.

Hart, R. (1997). *Children's participation : the theory and practice of involving young citizens in community development and environmental care*. University of Michigan : Earthscan

Lambert, B. & Clyde, M. (2000). *Rethinking early childhood theory and practice*. Sydney : Social Science Press.

Langsted, O. (1994). Looking at quality from the child's perspective. In P. Moss & A. Pence (eds.) *Valuing quality in early childhood services : New approaches to defining quality*. London : Paul Chapman, p. 28-42.

Mandell, N. (1991). The least-adult role in studying children. In F. Waksler (ed.) *Studying the social worlds of children.* London : Falmer Press, p. 38-60.

Mayall, B. (2008). Conversations with children : working with generational issues. In P. Christensen & A. James (eds.) (2nd ed.) *Research with children : perspectives and practices.* London : Routledge, p. 109-124.

Olsson, M. (2009). *Movement and experimentation in young children's learning : Deleuze and Guattari in early childhood education.* London : Routledge.

Park, P. (2006). Knowledge and participatory research. In P. Reason & H. Bradbury (eds.) *Handbook of action research : Concise paperback edition.* London : Sage, p. 83-93.

Reason, P. & Bradbury, H. (eds.) (2006). *Handbook of action research : Concise paperback edition.* London : Sage.

Rinaldi, C. (2001). Documentation and assessment : What is the relationship ? In C. Giudici, & M. Krechevsky (eds.) *Making learning visible : Children as individual and group learners.* Cambridge : Project Zero and Reggio Emilia : Reggio Children, p. 78-89.

Rogoff, B. (2003). *The cultural nature of human development.* New York : Oxford University Press.

Rogoff, B., Goodman Turkanis, C. & Bartlett, L. (2001). *Learning together : Adults and children in a school community.* New York : Oxford University Press.

Rose, G. (2007). *Visual Methodologies. An Introduction to the Interpretation of Visual Materials.* London : Sage Publications.

Thomson, P. (ed.) (2008). *Doing Visual Research with Children and Young People.* New York : Routledge.

Torbert, W. (2006). The practice of action inquiry. In P. Reason & H. Bradbury (eds.) *Handbook of action research : Concise paperback edition.* London : Sage, p. 207-218.

Thorne, B. (1993). *Gender play : Girls and boys in school.* Buckingham : Open University Press.

Vygotsky, L. (1978). *Mind in society : The development of higher psychological processes.* Cambridge, M. A. : Harvard University Press.

Wells, G. (1986). *The Meaning makers : Children learning language and using language to learn.* London : Hodder and Stoughton.

Illustration

Photo 1 : *Meryl photographie son amie Clare en train de la photographier*

Points de vue des enfants :
expériences de recherche en Islande[1]

Johanna Einarsdóttir[2]

Ce chapitre porte principalement sur des questions de méthodologie, de méthodes et d'éthique dans les études sur les points de vue des enfants. Au cours des vingt dernières années, j'ai observé et participé à la transformation du champ de l'éducation de la petite enfance et de la recherche dans ce domaine. Je me centrerai sur les changements théoriques et méthodologiques et sur les transformations survenues dans la façon de faire de la recherche avec de jeunes enfants.

Le chapitre commence par une discussion des récents développements survenus dans l'éducation de la petite enfance et des points centraux de la recherche actuelle sur l'enfance. Je m'attacherai aux méthodes et méthodologie de la recherche avec des jeunes enfants et je présenterai quelques exemples extraits de mes études. Puis, je donnerai un bref aperçu de l'accueil et de l'éducation de la petite enfance dans les pays nordiques, tout particulièrement en Islande. Je présenterai ensuite, pour illustrer la recherche avec de jeunes enfants, une étude dans laquelle des enfants islandais en première année de l'école primaire évoquent leur expérience préscolaire. Le chapitre se terminera avec des réflexions sur les orientations à venir de la recherche avec les enfants.

La recherche avec les enfants

Les enfants sont les parties prenantes les plus importantes dans l'accueil et l'éducation de la petite enfance. Il importe donc de les écouter si l'on veut véritablement connaître ce que signifie être un enfant dans une structure préscolaire et pouvoir concevoir un curriculum centré sur l'enfant. C'est pourquoi il n'est pas seulement nécessaire d'écouter les enfants, nous devons aussi entendre et comprendre ce qu'ils ont à dire et agir de manière pertinente (Brooker, 2011).

---

[1] Traduction : Sylvie Rayna.
[2] Professeure en Éducation, Doyenne de l'École d'Éducation, Université d'Islande.

Un nouveau regard sur les enfants

Les études des points de vue et expériences des enfants ont fleuri ces dix dernières années, mais la recherche dans ce champ date de plus de trente ans. Au cours des dernières décades du siècle dernier, de nouvelles idées ont émergé dans le secteur de l'éducation de la petite enfance. Issues de la sociologie, elles ont produit des changements théoriques et conceptuels dans la façon de voir les enfants et l'enfance (James & Prout, 1997 ; Jenks, 1982). Des chercheurs ont mis en question les conceptions dominantes des enfants, de l'enfance et de la scolarisation. Ils ont déconstruit les vielles théories de la psychologie du développement qui considèrent les enfants et l'enfance comme des phénomènes naturels et universels et le développement de l'enfant comme un passage de l'immaturité à la compétence. De nouveaux savoirs ont mis l'accent sur les forces et capacités des enfants à influencer activement leurs situations sociales. Ces derniers ont été considérés comme des membres actifs de la société et des experts de leurs propres vies, comme des personnes dont les opinions doivent être entendues (Dahlberg & Moss, 2005 ; James & Prout, 1997 ; Jenks, 2004 ; Qvortrup, 1994). Ainsi, ils n'ont plus été conçus comme des êtres à préparer à devenir compétents ou à gagner leurs droits ou à participer. Mais d'emblée comme capables de participer activement et d'exercer leurs droits et leur *agency* (Broström, 2016). Les chercheurs ont pensé l'enfance comme une construction sociale, dépendante de la culture, du temps et du contexte (Jenks, 2004), et ils parlent de recherche *avec* l'enfant et non plus de recherche *sur* les enfants, en mettant l'accent sur ce qu'ils apprennent *des* enfants plutôt qu'à leur propos.

Le rôle de la Convention relative aux droits de l'enfant

La Convention relative aux droits de l'enfant (Nation Unies, 1989) a profondément contribué à la transformation des conceptions des enfants et de l'enfance. Elle a ratifié le respect des points de vue des enfants et leur droit d'exprimer librement leur opinion sur tout ce qui les concerne, et elle a promu le droit que leurs opinions soient prises au sérieux. L'article 12 de la Convention décrit les enfants comme des participants actifs qui ont leurs propres droits. La Convention a sensibilisé à l'*agency* des enfants et à leur place dans la société. Les droits des enfants et leur citoyenneté sont devenus une préoccupation internationale. L'article 23 souligne leur droit d'être soutenus. L'idée n'est pas simplement qu'ils aient la parole, mais qu'ils puissent être soutenus afin d'y avoir accès et être entendus. Un ajout à la Convention, Le *Commentaire général* n° 7 (United Nations, 2006) porte sur les droits des enfants de moins de huit ans de participer aux décisions qui les concernent et de donner leur avis.

En résumé, le mouvement des droits des enfants et les nouvelles théories sur les enfants et l'enfance partagent une vision qui revoit le statut des enfants comme êtres humains et leur place dans la société (Alanen, 2011 ; Quennerstedt & Quennerstedt, 2014). Ces idées englobent des concepts tels que ceux de participation des enfants et d'enfants comme agents actifs.

Méthodologie - Méthodes

Les termes de méthode et de méthodologie sont souvent considérés comme identiques et utilisés indistinctement. Pourtant, la méthodologie est la base théorique qui sous-tend une méthode. Elle se situe dans le cadre interprétatif ou le paradigme utilisé par les chercheurs dans toute recherche. Elle renvoie aux façons dont nous pensons et cherchons à étudier les phénomènes sociaux. Dans les recherches menées avec les enfants, ces valeurs incluent les croyances et hypothèses des chercheurs en lien avec les enfants, leurs compétences, leurs droits et leur participation. Les méthodes, de leur côté, renvoient aux techniques et procédures utilisées pour recueillir et interpréter les données (Dockett, Einarsdóttir & Perry, 2011).

Avec la transformation de l'accueil et de l'éducation de la petite enfance, une méthodologie qui cherche à donner du pouvoir aux enfants, en les écoutant et en ce centrant sur leurs points de vues, est arrivée au devant de la scène. En conséquence, des méthodes nouvelles et innovantes se sont développées, prenant en considération les différentes capacités des enfants, leurs intérêts, leurs forces et leurs droits au regard de leur participation, des méthodes fondées sur la créativité et la diversité des enfants, et qui utilisent les nouvelles technologies. En utilisant et combinant plusieurs méthodes qui reconnaissent les différentes voix des enfants, l'approche mosaïque a été une approche innovante pionnière, avec des méthodes telles que la photographie, les visites guidées et les conversations (Clark & Moss, 2001). Dans mes travaux, au cours des dix dernières années, j'ai mis l'accent sur l'utilisation d'un éventail de méthodes pouvant convenir aux différents enfants. Je proposerai, dans ce qui suit, des exemples des diverses méthodes auxquelles j'ai eu recours.

Les conversations

Les entretiens avec les enfants ne peuvent pas être identiques à ceux avec les adultes. Plusieurs éléments sont à prendre en considération, la plus importante étant la relation de pouvoir entre chercheur adulte et enfant. C'est pourquoi, au lieu d'interviewer les enfants individuellement, des conversations par deux et en petits groupes, en situations naturelles, ont été largement utilisées. Les enfants sont habitués à être en groupe dans leur structure préscolaire, et ils sont plus forts lorsqu'ils sont ensemble. Lors d'une de mes anciennes études, j'ai mené des entretiens collectifs avec des enfants de cinq et six ans, les plus âgés du préscolaire, en les questionnant sur leurs attentes quant à l'entrée à l'école primaire, sur ce qu'ils anticipaient et sur ce qui pourrait leur manquer de leur vie dans le préscolaire. À la suite d'un entretien pilote, les questions ont été reformulées et j'ai proposé quelques questions alternatives, avec des hypothèses, comme : « si tu étais déjà à l'école, que ferais-tu ? » et des questions à la troisième personne, telle que : « qu'apprennent les enfants qui sont à l'école ? ». L'étude a fourni des informations intéressantes sur les points de vue des enfants sur l'entrée à l'école, qui convergent avec celles d'autres travaux. Quoiqu'il en soit, lors d'entretiens collectifs avec de jeunes enfants, le chercheur doit être conscient du risque que les voix et les intérêts de certains soient dominants, que certains sujets prévalent et que d'autres soient ignorés (Einarsdóttir, 2003).

Les vidéos

Les vidéos ont été utilisées largement pour enregistrer les observations dans les structures préscolaires. Ces enregistrements permettent aux chercheurs d'observer des actions, des interactions, des communications non verbales. Ils leur permettent aussi de les voir, revoir et y réfléchir (Pálmadóttir & Einarsdóttir, 2015 ; Robson, 2011). De nouvelles méthodes avec les caméras vidéo ont été également essayées, comme : proposer à des enfants de tenir une caméra. Les chercheurs peuvent alors voir ce que ces tout-petits de dix à dix-huit mois regardent et ainsi pénétrer dans leurs expériences (Sumsion *et al.*, 2011). Les vidéos ont aussi été utilisées comme stimulus dans les entretiens avec les enfants. Dans une étude islandaise et australienne, le jeu d'enfants âgés de trois à cinq ans a été enregistré, puis les vidéos leur ont été présentées pour discuter avec eux de ce qui s'y passait. Il s'agissait de les encourager à parler, à partir de ces vidéos, de ce qu'ils avaient fait en classe. Seuls les enfants qui ont été filmés ont participé à ces sessions (Theobald *et al.*, 2015).

Les photographies et dessins

D'autres méthodes visuelles, comme la photographie et les dessins d'enfants, ont été de plus en plus employées dans la recherche, pour impliquer les jeunes enfants. La description de photos est un processus où les photos, prises par les chercheurs ou les enfants, sont combinées aux entretiens. L'ajout d'une photo dans une conversation permet l'évocation d'informations, de sentiments et de souvenirs qui ne seraient pas apparus sans elle. Aussi la photo constitue un stimulus pour la réflexion, la clarification, l'interprétation et la réinterprétation. Lorsque les photos sont prises par les enfants, les conversations qui s'ensuivent tournent davantage autour des choses qui sont importantes pour eux. Leur pouvoir augmente, puisqu'ils décident de ce qu'ils veulent photographier.

Les dessins ont aussi été utilisés pour accéder aux points de vue des enfants et à leurs expériences, le dessin comme processus et non comme produit final, comme activité productrice de sens / le sens qu'ils construisent et transmettent en dessinant y est plus important que leur capacité à dessiner. On se centre ainsi sur l'écoute des enfants pendant qu'ils dessinent, en prêtant une grande attention à leurs narrations et interprétations.

Les avantages de l'utilisation des dessins comme méthode pour faire de la recherche avec les jeunes enfants sont très nombreux (Einarsdóttir, Dockett & Perry, 2009) :

- Les dessins amènent des expressions non verbales et verbales lorsque les enfants en parlent et en discutent.
- Dessiner est un processus qui prend du temps et quand les enfants dessinent, ils construisent et transmettent du sens.
- Les enfants prennent leur temps en dessinant, ils apportent des changements et des ajouts aux dessins choisis.
- La plupart des enfants sont habitués à dessiner et ils aiment cela, malgré quelques exceptions.
- Les enfants sont actifs et créatifs quand ils dessinent.
- En dessinant pendant un entretien, les enfants n'ont pas à maintenir de contact visuel avec le chercheur.

À l'aide des méthodes visuelles, telles que les dessins et les photos, les enfants ont l'occasion d'exprimer leurs points de vue de différentes façons et de proposer leurs propres explications et interprétations.

Éthique et dilemmes

Le déséquilibre du pouvoir

Mener des recherches avec les enfants exige de prêter attention à plusieurs questions éthiques. L'une d'elle concerne le *déséquilibre du pouvoir* entre chercheurs adultes et enfants, avec en particulier le risque que les enfants agissent ou disent ce que la figure d'autorité leur demande (Spyrou, 2011). Dahlberg, Moss et Pence (2007, p. 54) évoquent la façon dont les enfants essaient de deviner les réponses que les adultes veulent entendre : ils essaient de « saisir le code de ce qui est attendu d'eux dans le jeu "Devine ce à quoi je pense ?" ». Des tentatives ont été entreprises pour minimiser ce déséquilibre du pouvoir, en enquêtant auprès d'enfants âgés de cinq à six ans en groupe (Einarsdóttir, 2007). Une autre façon d'équilibrer le rapport est d'entrainer les enfants à parler avec les autres enfants et à adopter ainsi le rôle de co-chercheur, comme Broström l'a fait dans son étude de la réflexion d'enfants de dix ans sur leurs structures préscolaires (Broström, 2016). Encore une autre façon de minimiser ce pouvoir différentiel est d'avoir recours à un adulte que les enfants connaissent bien pour mener les entretiens ou les inviter à s'interviewer entre eux. Dans l'une de mes études présentée plus en détail dans ce chapitre, des enseignantes préscolaires ont été entrainées à conduire des entretiens avec des enfants qu'elles avaient eus dans leur classe, lorsqu'ils ont commencé l'école primaire. Les enfants étaient heureux de parler avec leurs « anciennes » enseignantes et ont discuté du « bon vieux temps ». Interroger les enfants en groupes et leur demander de dessiner leurs structures préscolaires a été une véritable rencontre sociale. Pourtant, cela a pu également influer sur les résultats lorsque, par exemple, ils ont hésité à parler de choses négatives.

La relation de pouvoir entre chercheur adulte et enfants est une question importante, mais il ne faut pas négliger celle entre enfants qui peut survenir si l'on soutient certaines voix dominantes et pas assez les autres (Horgan, 2016). Les voix et points de vue des enfants ne sont pas identiques. Si certains enfants sont consultés et inclus dans la recherche, la multiplicité des voix des autres peut ne pas être entendue ; par exemple, celle des enfants handicapés (Einarsdóttir & Egilsson, 2016).

Le consentement éclairé

Le *consentement éclairé*, qui consiste à expliquer l'étude aux enfants, à obtenir leur accord et à renégocier leur consentement tout au long de la recherche, relève d'une question éthique importante. Le concept d'*assentiment* qui met l'accent sur la confiance et la relation entre chercheur et enfant est passé au premier plan, chercher l'assentiment éclairé des enfants étant considéré comme un processus non seulement d'information au début de la recherche mais aussi de renégociation du consentement tout au long de celle-ci. Dans une étude récente, l'expression de l'accord d'enfants âgés d'un à trois ans a été un vrai défi. Certains ont dit avec leurs corps et leurs mots qu'ils ne voulaient pas que le chercheur soit trop près. D'autres ont été plus intéressés à créer une relation et être activement impliqués. Au cours de l'étude, une grande attention a été portée à la façon dont les enfants ont répondu à la présence de la chercheure avec leur corps, leurs expressions, leurs actions et leur langage (Pálmadóttir & Einarsdóttir, 2015).

Le consentement éclairé de jeunes enfants présente aussi un autre défi car la recherche avec des enfants nécessite le consentement d'une troisième personne, parent ou enseignant (Dockett, Einarsdóttir & Perry, 2009 ; Mortari & Harcourt, 2012). Dans une de mes études avec des enfants qui ont pris des photos et qui en ont parlé, nous avons dépassé le problème du refus des parents d'un garçon : cette étude était inscrite dans la vie quotidienne de la structure préscolaire, les enfants avaient des appareils photographiques pour faire leurs prises, et ce garçon désirait participer, aussi nous l'avons invité à prendre des photos comme les autres, mais nous n'avons utilisé aucune des données le concernant (Einarsdóttir, 2007).

L'interprétation des données

L'interprétation des données et l'implication des enfants dans l'analyse, la réflexion et l'interprétation sont une question délicate dans la recherche avec les enfants. Bien que l'analyse et l'interprétation constituent un défi dans toutes sortes de recherches, elles sont encore plus problématiques ici car les enfants ont une expression verbale limitée. L'interprétation des données n'est pas un processus neutre, il est influencé par les perspectives théoriques et épistémologiques des chercheurs. En impliquant les enfants dans l'interprétation, la voix du chercheur n'est plus la seule qui soit prise en considération.

Les études qui offrent aux enfants des occasions d'être activement impliqués dans la phase d'interprétation parviennent à une compréhension plus approfondie de leurs points de vue. Une façon de promouvoir l'inclusion des points de vue des enfants dans le processus de la recherche est d'intégrer l'interprétation dans le recueil des données (Dockett *et al.*, 2009 ; Theobald, 2012). Demander à des enfants de parler de leurs photos ou dessins et de commenter un enregistrement vidéo de leurs interactions leur permet d'informer l'interprétation des données.

L'exemple suivant, extrait d'une de mes études, illustre la façon dont l'interprétation a été intégrée dans le recueil des données (Einarsdóttir, 2007). Les enfants, âgés de cinq à six ans, ont pris des photos que j'ai imprimées. Ensuite, nous avons discuté de leur contenu et des raisons pour lesquelles ils les avaient prises. Ces entretiens étaient d'une importance cruciale parce que les photos racontent seulement une partie de l'histoire. Sans les explications des enfants, ma compréhension et mes interprétations auraient été différentes. Deux autres exemples illustrent cela (Dockett *et al.*, 2009) :

De nombreux enfants ont pris des photos de la cour et de leurs amis. Un garçon de cinq ans m'a montré ses photos qui, pour moi, représentaient la cour avec les enfants et les équipements de jeu. Pourtant il m'a expliqué qu'il avait photographié sa maison et le voisinage de la structure préscolaire. Il a pointé sa maison sur la photo ; on la voyait à peine au fond. Un autre enfant a pris une photo des étagères qui étaient très hautes, dans la salle de jeu. Quand on lui a demandé pourquoi, il a expliqué que c'était parce qu'il voulait savoir ce qui se trouvait sur l'étagère du dessus (p. 291).

Le contexte nordique

Le modèle social démocrate du Welfare

Au cours du siècle dernier, les pays nordiques ont établi un modèle de *Welfare*, pour la société et le gouvernement, souvent appelé modèle nordique ou modèle social démocrate. Ce modèle cherche à développer une société plus équitable, en termes de systèmes de sécurité sociale et d'égalité des chances pour les hommes et les femmes, ainsi que de réformes concernant les allocations familiales, le congé parental et l'accès universel à temps plein aux structures de la petite enfance. Un tel modèle signifie que les enfants relèvent de la responsabilité non seulement des familles mais aussi de la société.

L'idée de structures universelles d'accueil et d'éducation des jeunes enfants (AEJE) fait partie intégrante des politiques éducatives nordiques : les enfants ont le droit de fréquenter à temps plein ces structures avant d'entrer à l'école primaire, quels que soient l'emploi et les revenus des parents. Par exemple, en Islande, si les parents veulent que leurs enfants fréquentent une structure d'AEJE, les municipalités sont obligées de leur offrir une possibilité d'accueil dans un jardin d'enfants municipal ou dans une crèche privée (Broström *et al.*, sous presse).

Évolution des raisons du développement de l'AEJE en Islande et caractéristiques de l'école du jeu (leikskóli)

Un examen attentif de ce qui sous-tend l'évolution de l'AEJE en Islande montre que la raison fondamentale de la création des premières structures est l'aide aux parents qui, pour diverses raisons, ne pouvaient pas prendre soin de leurs enfants. La seconde est l'urbanisation rapide au moment où émergent ces structures, d'où l'offre d'un environnement plus protégé pour les enfants. La troisième, liée à une demande de davantage de structures, est l'augmentation de l'emploi des parents au cours de la dernière partie du 20e siècle. Enfin, la quatrième raison à leur développement, qui s'est renforcée avec le temps, revient aux enfants : leur éducation, leur développement et leur prise en charge sociale (Jónasson, 2006).

En Islande, le système scolaire comprend quatre niveaux : préscolaire, scolaire (obligatoire), secondaire et supérieur. En 2011, le nouveau curriculum national, qui concerne l'ensemble des niveaux scolaires, comporte une section commune pour l'école du jeu, l'école obligatoire et l'école secondaire. Le terme « école du jeu » (*leikskóli*) concerne toutes les structures collectives pour enfants de dix-huit mois à six ans. En général, presque tous les enfants de deux à cinq ans fréquentent l'école du jeu à temps plein. Le pourcentage des enfants de tout âge qui y sont inscrits a augmenté de manière significative au cours des deux dernières décades, et en particulier les enfants de deux ans : ils sont passés de 50 % en 1990 à 94 % en 2011. La responsabilité des écoles du jeu se partage entre le ministère de l'éducation et les municipalités : le ministère est chargé de la politique éducative, à travers les *Orientations du curriculum national*, et les municipalités sont responsables des bâtiments et du fonctionnement de la plupart de ces écoles et de leurs dépenses.

Des valeurs démocratiques

Comme dans les autres pays nordiques, la démocratie est au premier plan dans le préscolaire islandais. Les résultats d'une étude récente des documents officiels concernant la petite enfance nordique indiquent l'importance d'offrir aux enfants la possibilité de faire l'expérience de la démocratie dans leurs structures, mais aussi de les éduquer de telle sorte qu'ils deviennent des citoyens démocratiques (Einarsdóttir *et al.*, 2015). Selon le curriculum national islandais : « La structure préscolaire doit être un forum démocratique et une communauté apprenante où le personnel, les parents et les enfants sont des participants actifs qui influent sur les décisions concernant la structure préscolaire » (Ministry of Education, Science and Culture, 2011).

Les points de vue des enfants sur l'éducation

Afin de donner aux jeunes enfants l'occasion d'influer sur les décisions concernant leurs structures, il est nécessaire d'écouter ce qu'ils ont à dire sur les expériences qu'ils y vivent. J'ai conduit plusieurs études avec des enfants, en Islande, afin d'entendre ces points de vues. Je vais en évoquer certaines, dont une plus en détail.

Les attentes des enfants sur l'entrée à l'école primaire

Le but de l'étude était d'investiguer les points de vue des enfants et leurs attitudes quant à leur passage à l'école primaire. Des entretiens collectifs ont été conduits avec 48 enfants de cinq à six ans d'une école du jeu de Reykjavik, en mai, lors de leur dernière année dans cette structure. Les résultats montrent que de très nombreux enfants étaient préoccupés par les différences entre le préscolaire et le primaire : la structure, l'organisation, la taille, la présence d'une cloche et la récréation. Apprendre les habitudes de l'école, ses règles et la façon de s'y comporter fait partie, selon eux, des choses importantes qui leur seront enseignées dans la première classe du primaire. Bien que fréquentant la structure préscolaire depuis un certain temps, ils ne perçoivent pas cette dernière comme une école ; pour eux la *fyrsti bekkur* c'est-à-dire la « première classe » (cours préparatoire en France) est la vraie école. Même s'ils reconnaissent qu'ils ont fait et appris beaucoup de choses dans la structure préscolaire, ils croient que l'école primaire sera beaucoup plus difficile, et quelques uns ne pensent pas avoir appris dans le préscolaire. Beaucoup semblent attendre ce passage à l'école, dans un nouvel environnement et avec de nouveaux apprentissages ; d'autres sont anxieux quant à leur capacité à répondre aux nouvelles attentes ou ce qu'ils en imaginent, et quelques uns sont inquiets quant aux autres enfants plus âgés et au directeur. Lorsque les enfants parlent de ce qui leur manquera, ils mentionnent le plus souvent le personnel préscolaire et les enfants avec lesquels ils jouaient. Ils disent aussi que les jouets et jouer leur manqueront. Ils sont en attente de la récréation à l'école primaire, qu'ils perçoivent comme un temps de jeu (Einarsdóttir, 2003).

Points de vue des enfants sur la première classe du primaire

L'étude a été menée avec 20 enfants de six à sept d'une école primaire de Reykjavik. Les données recueillies relèvent de plusieurs méthodes de recherche : entretien collectif, photos et dessins d'enfants, afin de dégager leurs points de vue et opinions. Les résultats indiquent que la plupart des enfants pensent que la lecture et les mathématiques constituent l'essentiel du curriculum de la première classe du primaire, et que le rôle principal des enseignant.e.s est de leur apprendre ces matières. Il y a des différences interindividuelles quant à ce qu'ils aiment ou n'aiment pas à l'école. Pourtant, beaucoup mentionnent le temps libre, la récréation et les jeux avec les autres enfants comme les aspects les plus agréables, tandis que la lecture et les mathématiques sont considérées comme ce qui est le plus difficile et ennuyeux. Les enfants n'ont pas fait d'expériences démocratiques à l'école et trouvent qu'ils n'ont pas d'influence sur le curriculum scolaire (Einarsdóttir, 2010).

Points de vue des enfants sur leurs structures préscolaires

L'étude a été conduite avec un groupe d'enfants de cinq à six ans dans une école du jeu de Reykjavic. L'objectif était de mettre en lumière ce à quoi ressemble la vie dans une structure préscolaire islandaise pour les enfants qui la fréquentent, ce qu'ils pensent des raisons de leur fréquentation de cette école, ce qu'ils y font et apprennent, ce qu'y font les adultes, ce qu'ils aiment et n'aiment pas, et ce qu'ils peuvent y décider ou non. L'étude a utilisé plusieurs méthodes : entretiens collectifs, photos d'enfants, dessins d'enfants et questions intégrées à un jeu de cartes pour préciser leurs perceptions et opinions. Les résultats indiquent qu'ils ont des opinions fortes à propos de leur vie préscolaire et les expriment avec clarté (Einarsdóttir, 2005).

Points de vue des enfants sur les enseignantes préscolaires et leur travail

Le but de l'étude était d'examiner les rôles et la pédagogie des enseignantes préscolaires du point de vue d'enfants de cinq à six ans qui ont une expérience de l'école du jeu à temps plein depuis l'âge de deux ans. Il s'agissait de 32 enfants du groupe des plus âgés de deux structures préscolaires de Reykjavik. Les données ont été recueillies lors d'entretiens individuels à l'aide de photos. Les photos que les enfants avaient prises eux-mêmes ont été utilisées pour les motiver et servir d'appui à la conversation. La recherche s'inscrivait dans la perspective des études de l'enfance (*childhood studies*) où celle-ci est conçue comme une période importante et reliée à la culture, au temps et au contexte. Les résultats montrent que le points de vue des enfants sur les rôles des enseignantes préscolaires se subdivisent entre d'un côté, leurs interactions avec les enfants : échanger avec eux les regarder, les soutenir, leur enseigner, les aider, et d'un autre côté, les autres tâches (dont les interactions avec d'autres adultes). Quand j'ai demandé aux enfants ce qu'ils aimaient et ce qu'ils n'aimaient pas à propos de leurs enseignantes, beaucoup ont parlé de choses qu'ils faisaient ou pas, en termes d'activités. Certains ont également mentionné leurs conduites ou traits personnels (Einarsdóttir, 2014).

Points de vue rétrospectifs

Une étude de 40 enfants de la première classe du primaire a été réalisée pour explorer leurs souvenirs et reconstructions de leurs expériences préscolaires (Einarsdóttir, 2011). Tous les enfants avaient fréquenté une des deux écoles du jeu de Reykjavic et commencé l'école primaire à l'automne. Les données ont été recueillies au milieu de la première année de primaire. Les enseignant.e.s préscolaires ont participé au recueil des données et ont été ainsi partie prenante de la recherche, en menant des entretiens avec des groupes de deux ou trois enfants. Le fait de les connaître a facilité leurs discussions et la réflexion avec eux. Leurs points de vue sur les rencontres avec les enfants et la façon dont ces derniers se remémorent leur vie dans le préscolaire ont également été enregistrés et pris en compte comme des données. Les entretiens avec les enfants ont eu lieu à l'école primaire. On leur a demandé de se rappeler leurs expériences préscolaires et d'en discuter. Par exemple, ce dont ils se souvenaient le plus, ce qui était le plus agréable et le plus ennuyeux, quand ils se sentaient en sécurité, ce qu'ils avaient appris à l'école du jeu et ce qui leur a été utile pour le primaire. Après les entretiens, les enfants ont été invités à dessiner ce qu'ils ont aimé et ce qu'ils n'ont pas aimé dans leurs structures préscolaires. L'analyse des données (entretiens et dessins) a révélé un certain nombre de thèmes importants pour les enfants.

L'importance des relations entre pairs

Les résultats montrent que les enfants voient la structure préscolaire comme un espace important pour la participation et la pratique des interactions avec leurs pairs. Ils se souviennent d'y avoir été heureux lorsqu'ils jouaient et interagissaient avec les autres enfants. Dans l'échange ci-dessous, trois filles racontent qu'elles étaient contentes quand elles jouaient avec leurs amis et avaient des bonnes relations avec les autres enfants :

Chercheure : Quand étais-tu heureuse quand tu étais dans la structure préscolaire ?
Ellen : Quand quelqu'un jouait avec moi.
C. : Oui
Johanna : Et moi aussi
C : As-tu beaucoup d'amis ?
E. : Oui. Maria est toujours ma meilleure amie.
C. : Ah oui ?
E : Oui. (…)
C : Mais quand étais-tu heureuse, Ellen ?
E. : Quand je jouais avec mes amis.
C : Mais et toi Eva, étais-tu heureuse dans l'école du jeu ?
Eva : Surtout quand je jouais avec mon amie.

Les expériences négatives mentionnées concernent le plus souvent les conflits ou les problèmes dans les relations interpersonnelles avec d'autres enfants, par exemple lorsqu'ils ne trouvent pas d'amis avec lesquels jouer ou qu'ils sont exclus d'un jeu. Ann a ainsi dit : « je suis triste quand personne ne veut jouer avec moi ». Et Margaret, « quand on la laissait tomber ». Ceci a été également évident dans les dessins de ce qu'ils n'aimaient pas à l'école du jeu. Sur les 37 dessins des choses désagréables, 11 concernaient les conflits ou problèmes entre enfants. Ainsi, l'étude montre bien que les relations sociales sont un facteur important selon ce que pensent les enfants de leurs structures préscolaires.

Les adultes

Les enfants, dans cette étude, n'ont pas beaucoup parlé des adultes à quelques exceptions près. En repensant à leurs structures préscolaires, leurs amis semblent un élément de la situation plus important que les adultes. Pourtant, l'équipe a joué un rôle important dans leur vie, surtout s'ils avaient besoin d'aide ou de soutien. Plusieurs enfants ont dit qu'ils se sentaient en sécurité quand l'enseignante était à côté. Aussi, l'attention qui leur est prodiguée et le soutien de l'adulte sont apparus comme un aspect essentiel de leur expérience préscolaire. Ci-dessous, trois filles discutent des moments où elles se sentaient en sécurité :

Chercheure : Quand vous sentiez-vous en sécurité ?
Elsa : Sur les genoux de la maîtresse.
Ann : À côté d'elle, de la maîtresse.
Karen : Quand j'ai rencontré Helga la première fois, quand on est devenues amies, après je me suis sentie très bien.

Les lieux agréables

Les enfants ont souvent mentionné des lieux et moments agréables, tels que ceux où ils pouvaient choisir ce qu'ils allaient faire et avec qui jouer. L'espace extérieur et le hall spacieux où les enfants jouent ensemble et ont le choix entre de nombreuses activités sont les lieux qu'ils se sont le plus remémorés. La discussion qui suit, provenant de l'un des groupes, illustre les souvenirs de divers objets et activités ainsi que la façon dont ils se les rappellent entre eux. Quand un enfant commençait à parler de quelque chose, les autres en rappelaient certains aspects :

Birna : Je me souviens le plus de dehors.
Helena : Je me souviens le plus de quand on était dans le hall – avec le cerf-volant.
Chercheur : Oui.
H. : Et – pour lire des livres.
B. : La nourriture.
C. : La nourriture était inoubliable.
Ingibjorg : (soupirant) Ah oui.
C. : De quoi te souviens-tu ?
I. : Du coin-maison.
C : Ah, ah.
B. : Et de la maison de poupées.
C. : Mm.
B. : Et des cubes dans le hall.

L'espace extérieur est ce dont ils se souviennent le plus. Sur les 55 dessins de ce qui les a rendus le plus heureux, 28 montrent des scènes de la cour de récréation. Les enfants ont fait des dessins d'eux-mêmes en train de jouer entre eux dehors, avec l'équipement de jeu : balançoires, châteaux ou toboggans.

Apprentissages

Les enfants n'ont pas beaucoup parlé de ce qu'ils avaient appris, mais quand on leur a demandé ce qui avait été utile de savoir en entrant à l'école primaire, beaucoup ont mentionné qu'ils avaient appris, dans le préscolaire, les bonnes manières et les règles. Par exemple, une des filles a dit qu'elle avait appris à lever la main et à attendre son tour, une autre qu'elle avait été préparée à l'école primaire en apprenant à rester tranquille. De nombreux enfants ont également mentionné les lettres de l'alphabet et la lecture. La centration sur les apprentissages n'a pas été importante. Les résultats d'une étude récente de Broström (2016) avec des enfants de dix ans sont identiques. Les souvenirs des enfants de leurs structures préscolaires sont centrés sur les interactions entre enfants et amis et sur les relations positives avec les enseignantes. Les enfants n'évoquent pas les activités éducatives et apprentissages.

Les résultats de cette étude indiquent que les enfants voient l'école de jeu comme un espace de vie dans lequel ils ont appris à être, connaître, faire et vivre ensemble (Bennett, 2005).

Conclusion

Il y a un consensus international concernant les enfants comme agents actifs ; on leur a reconnu le rôle de participants dans la recherche en éducation de la petite enfance. Les méthodes de recherche qui incluent ou qui s'appuient sur les forces des enfants continuent de se développer, les questions éthiques et les dilemmes étant identifiées et revisités. La recherche avec les enfants nous offre l'occasion d'apprendre ce que les enfants ont à dire de leurs vies et nous pouvons alors réagir en conséquence. Mais comme dans toute recherche, on doit être conscient des défis et des questions éthiques.

Il est important de garder à l'esprit que les voix des enfants sont toujours des constructions sociales. C'est pourquoi elles ne peuvent parler en elles-mêmes, mais doivent être comprises en relation avec leur environnement. Dans la mesure où la construction de sens est toujours située dans un contexte socioculturel particulier, les vies des enfants doivent être étudiées dans le contexte des sociétés plus larges ou des moments historiques dans lesquelles ils vivent (Komulainen, 2007 ; Quennerstedt, 2013).

Les concepts d'*agency*, d'*empowerment* et de voix ont été récemment contestés et certains ont mis en garde contre une centration sur la compétence et l'autonomie des enfants aux dépens de leur vulnérabilité et dépendance (Kjørholt, 2008). Les enfants peuvent être à la fois vulnérables, dépendants, avoir besoin de soin et de protection, et des acteurs sociaux autonomes et compétents. Un équilibre est à préserver entre droits des enfants à l'*empowerment* et droits au soin et à la protection, en particulier pour les enfants handicapés. Les enfants n'ont ni des voix identiques ni des points de vue partagés. Dans notre désir d'écouter les enfants, le danger existe de les traiter comme un groupe homogène. Seuls certains sont alors entendus, probablement ceux qui ont les voix les plus fortes, tandis que les autres peuvent être réduits au silence (Dockett *et al.*, 2009). Le risque est que, pendant que certains sont consultés, inclus dans la recherche et supposés parler au nom des autres enfants, ces derniers soient exclus. La multiplicité des voix des différents enfants n'apparait pas. Dans ce cas, la participation ne conduit pas toujours à l'égalité (Einarsdóttir & Egilson, 2016).

Il existe plusieurs visages du pouvoir dans la recherche avec les enfants. Il peut y avoir un pouvoir inégal dans les relations entre chercheur adulte et enfants. Il peut aussi y avoir des inégalités de pouvoir entre enfants. Dans ce chapitre, la façon dont ces questions de pouvoir peuvent être traitées a été discutée, par exemple en utilisant un mélange de méthodes et en donnant aux enfants le choix entre diverses méthodes ; de cette façon, du pouvoir est rendu aux enfants. Une autre façon de procéder est de s'assurer qu'ils sont à l'aise et familiers avec la situation dans laquelle les données sont recueillies (l'environnement physique, le chercheur et les autres enfants).

En écoutant les enfants, en réfléchissant à ce qu'ils disent et en faisant en sorte que leurs voix puissent avoir une influence, nous avons davantage d'occasions de créer une vie bonne aux générations futures.

Références bibliographiques

Alanen, L. (2011). Editorial : Critical childhood studies? *Childhood*, 18 (2), p. 147-150.

Bennett, J. (2005). Curriculum issues in national policy-making. *European Early Childhood Education Research Journal*, 13 (2), p. 5-23.

Brooker, E. (2011). Taking children seriously : An alternative agenda for research. *Journal of Early Childhood Research*, 9 (2), p. 137-149.

Broström, S. (2016). Ten-year-olds' reflections on their life in preschool. *Nordic Studies in Education*, 36 (1), p. 3-19.

Broström, S., Einarsdóttir, J. & Pramling Samuelsson, I. (sous presse). The Nordic perspective on early childhood education and care. In B. V. Oers & M. Fleer (eds.) *International handbook on early childhood education*. London : Springer.

Clark, A. & Moss, P. (2001). *Listening to young children : The Mosaic approach*. London : National Children's Bureau.

Dahlberg, G. & Moss, P. (2005). *Ethics and politics in early childhood education*. London : Routledge Falmer Press.

Dahlberg, G., Moss, P. & Pence, A. R. (2007). *Beyond quality in early childhood education and care* : *Languages of evaluation* London : Falmer Press.

Dockett, S., Einarsdóttir, J. & Perry, B. (2009). Researching with children : Ethical tensions. *Journal of Early Childhood Research*, 7 (3), p. 283-298.

Dockett, S., Einarsdóttir, J. & Perry, B. (2011). Balancing methodologies and methods in researching with young children. In D. Harcourt, B. Perry & T. Waller (eds.) *Researching young children's perspectives* : *Ethics, theory, and research*. London : Routledge, p. 68-85.

Einarsdóttir, J. (2003). When the bell rings we have to go inside : Preschool children's views on the primary school. *European Early Childhood Educational Research Journal. Transitions. Themed Monograph Series*, 1, p. 35-50.

Einarsdóttir, J. (2005). We can decide what to play! Children's perception of quality in an Icelandic playschool. *Early Education and Development*, 16 (4), p. 469-488.

Einarsdóttir, J. (2007). Research with children : Methodological and ethical challenges. *European Early Childhood Education Research Journal*, 15 (2), p. 197-211.

Einarsdóttir, J. (2010). Children's experiences of the first year of primary school. *European Early Childhood Education Research Journal*, 18 (2), p. 163-180.

Einarsdóttir, J. (2011). Reconstructing playschool experiences. *European Early Childhood Education Research Journal*, 19 (3), p. 389-404.

Einarsdóttir, J. (2014). Children's perspectives on the role of preschool teachers. *European Early Childhood Education Research Journal*, 22 (5), p. 679-698.

Einarsdóttir, J., Dockett, S. & Perry, B. (2009). Making meaning : Children's perspectives expressed through drawings. *Early Child Development and Care*, 179 (2), p. 217-232.

Einarsdóttir, J., & Egilsson, S. T. (2016). Embracing diversity in childhood studies : Methodological and practical considerations. In A. Farrell &

I. Pramling Samuelsson (eds.) *Diversity : Intercultural Learning and Teaching in the Early Years.* Oxford : Oxford University Press, p. 35-53.

Einarsdóttir, J., Purola, A.-M., Johansson, E., Broström, S. & Emilson, A. (2015). Democracy, caring and competence : Values perspectives in ECEC curricula in the Nordic countries. *International Journal of Early Years Education,* 23 (1), p. 94-114.

Horgan, D. (2016). Child participatory research methods : Atempts to go 'deeper'. *Childhood,* on line first, may 17.

James, A. & Prout, A. (eds.) (1997). *Constructing and reconstructing childhood : Contemporary issues in sociological study of childhood.* London : Falmer.

Jenks, C. (1982). *Sociology of childhood.* London : Batsford Academic and Educational Ltd.

Jenks, C. (2004). Constructing childhood sociologically. In M. J. Kehily (ed.) *An introduction to childhood studie.* Berkshire : Open University Press, p. 77-95.

Jónasson, J. T. (2006). *Frá gæslu til skóla : Um þróun leikskóla á Íslandi.* Reykjavík : Rannsóknarstofa um menntakerfi. Félagsvísindastofnun Háskóla Íslands.

Kjørholt, A. T. (2008). Children as new citizens : In the best interest of the child? In A. James & A. L. James (eds.) *European childhoods : Cultures, politics and childhoods in Europe.* New York : Palgrave Macmillan, p. 14-37.

Komulainen, S. (2007). The ambiguity of the child's voice in social research. *Childhood,* 14 (1), p. 11-28.

Ministry of Education : Science and Culture. (2011). The Icelandic national curriculum guide for preschools. En ligne : http://www.menntamalaraduneyti. is/namskrar/leikskolar.

Mortari, L. & Harcourt, D. (2012). 'Living' ethical dilemmas for researchers when researching with children. *International Journal of Early Years Education,* 12, p. 234-243.

Nations Unies. (1989). *Convention relative aux doits de l'enfant.* En ligne : http://www.ohchr.org/FR/ProfessionalInterest/Pages/CRC.aspx.

Pálmadóttir, H. & Einarsdóttir, J. (2015). Video observations of children's perspectives on their lived experiences : challenges in the relations between the researcher and children. *European Early Childhood Education Research Journal,* 185 (9), 1480-1494.

Quennerstedt, A. (2013). Children's rights research moving into the future : Challenges on the way forward. *International Journal of Children's Rights,* 21, p. 233- 247.

Quennerstedt, A. & Quennerstedt, M. (2014). Researching children's rights in education : Sociology of childhood encountering educational theory. *British Journal of Sociology of Education*, 35 (1), p. 115- 132.

Qvortrup, J. (1994). Childhood matters : An introduction. In J. Qvortrup, M. Bardy, G. Sgritta & H. Wintersberger (eds.) *Childhood matters : Social theory, practice and politics*. Aldershot : Avebury, p. 1-24.

Robson, S. (2011). Producing and using video data with young children : A case study of ethical questions and practical consequences. In D. Harcourt, B. Perry & T. Waller (eds.) *Researching young children's perspectives : Ethics, theory, and research*. London : Routledge, p. 178-192.

Spyrou, S. (2011). The limits of children's voices : From authenticity to critical, reflexive representation. *Childhood*, 18 (2), p. 151-165.

Sumsion, J., Harrison, L., Press, F., McLeod, S., Goodfellow, J. & Bradley, B. (2011). Researching infants' experiences of early childhood education and care. In D. Harcourt, B. Perry & T. Waller (eds.) *Researching young children's perspectives : Ethics, theory, and research*. London : Routledge, p. 113-127.

Theobald, M. (2012). Video-stimulated accounts : Young children accounting for interactional mattes in front of peers. *Journal of Early Childhood Research*, 10 (1), p. 32-50.

Theobald, M., Danby, S., Einarsdóttir, J., Bourne, J., Jones, D., Ross, S. *et al.* (2015). Children's perspectives of play and learning for education practice. *Education Sciences*, p. 345-362.

United Nations. (2006). *Convention on the rights of the child : General Comment No 7. Implementing child rights in early childhood.* En ligne : *http://www.refworld.org/docid/460bc5a62.html.*

Visions de l'école chez les jeunes enfants en Suède[1]

Lina LAGO[2]

« Aujourd'hui j'ai construit mon école avec les gros Lego », m'a dit un jour mon fils, juste avant l'été, lorsque je suis venue le chercher à la pré-école (*förskola*). Il allait avoir six ans et, après l'été, il entrerait à l'école (*skola*) et, plus précisément, dans la classe préscolaire (*förskoleklass*). En Suède, l'année de leur sixième anniversaire, les enfants fréquentent cette classe particulière, non obligatoire, entre la pré-école et l'école obligatoire[3]. Mon fils a beaucoup parlé de l'école, c'est-à-dire de ce qui se passerait à la rentrée. À ce moment-là, son expérience de l'école comme de la classe préscolaire était très limitée, mais il avait déjà un tas d'idées et d'attentes à leur égard qu'il exprimait de diverses façons et sur lesquelles il agissait, par exemple en construisant sa future école avec des Lego, une école avec une enseignante, trois bureaux, des livres et un panier de basket.

L'éducation et la scolarité des enfants peuvent être considérées comme des champs où le temps, et en particulier le futur, est présent (Adam, 1995 ; Hockey & James, 1993). Les activités scolaires sont souvent conçues en fonction des classes suivantes. Le futur est également visible lorsque les enfants parlent du travail à l'école, où il est important d'avancer toujours davantage. Ils s'orientent également vers le futur quand ils se comparent entre eux et entrent en compétition non sans lien avec ce que disent les enseignant.e.s de leurs progrès (Lago, 2014, 2015). Tout ceci résulte de la façon dont l'éducation est pensée et, en partie, du fait que son but est de transformer les enfants considérés comme des êtres en devenir. Aussi, les attentes concernant l'avenir constituent une part importante de la scolarité et des transitions dans et entre les différents types de scolarisation (pré-école, classe préscolaire, école).

Ce chapitre porte sur la façon dont les enfants construisent leurs attentes et attribuent des significations à leurs futurs contextes. Nous nous centrerons sur les idées qu'ils forment sur leur entrée prochaine à l'école

---

[1] Traduction : Sylvie Rayna.

[2] Docteur en pratiques éducatives, Département des études sociales et du welfare, Université Linköping, Norrköping, Suède.

[3] Un projet visant à rendre obligatoire la classe préscolaire est discutée au parlement suédois. Cette classe préscolaire est fréquentée par la quasi totalité des enfants de six ans (95 %).

et leurs usages dans leur socialisation, en donnant du sens et en s'adaptant à ces nouveaux contextes.

Ce chapitre concerne plus particulièrement les enfants de la classe préscolaire suédoise. Celle-ci offre un type de scolarisation qui ne relève ni de la pré-école ni de l'école. Elle fonctionne, comme la pré-école, avec des enseignant.e.s préscolaires (*förskollärare*), tout en étant située la plupart du temps dans une école dont elle partage le curriculum, mais avec les méthodes de la pré-école. La classe préscolaire a une mission claire de préparation à l'école. Elle est centrée sur les transitions des enfants. L'Agence Nationale Suédoise pour l'Éducation (2014) affirme qu'elle doit être reliée à la fois à ce à quoi les enfants doivent être préparés (l'école) et à leurs expériences antérieures (à la pré-école). Dans une institution qui a une telle mission, il importe de comprendre les représentations qu'ont les enfants du passé et du futur et leur utilisation dans le travail quotidien avec les transitions, en considérant les enfants comme des agents de leurs propres apprentissages et des créateurs actifs de culture et de savoir.

Attentes et transitions dans l'enfance : revue de la littérature

Nous présentons ici quelques études sur les attentes, chez les enfants, de changements liés à des transitions. Le temps (passé, présent et futur prévisible) nous aide à interpréter les différentes situations, c'est pourquoi il est important dans les actions et projets humains. Dans une étude sur le temps, Adams avance qu'il y a « des normes pour "*timer*", séquencer et rendre certaines choses prioritaires en éducation » (1995, p. 66), suivi par Flaherty et Fine (2011). L'étude des expériences de transition des enfants fait partie de ces travaux puisque les aspects temporels des transitions sont fondamentaux.

Dans deux études norvégiennes, on a demandé à des enfants âgés de douze ans ce qu'ils attendent de la suite de leur scolarité et si cela influençait leurs conduites lors du passage au collège. Ces deux études se situent du point de vue de la socialisation et sont, comme la nôtre, centrées sur l'importance des représentations du futur dans les processus d'attribution de significations, chez les enfants.

Kvalsund montre que les attentes des différents groupes d'écoliers (écoles rurales et urbaines) sont similaires. Ils s'attendent à un travail scolaire plus difficile et plus exigeant en temps et en effort. Ils s'inquiètent aussi du fait de devenir les plus jeunes au collège après avoir été les plus âgés dans le primaire, et ils ne savent pas s'ils seront capables de faire face à cette nouvelle situation. « À travers les yeux des écoliers, ce n'est pas seulement une grande transition, mais aussi une grande chute – au niveau de leur sentiment de maîtrise sociale, de leur statut, de leur pouvoir et de leur sécurité » (2000, p. 411). Kvalsund analyse également la façon dont les relations entre pairs affectent la transition et ses significations. Au regard du processus de socialisation, les pairs du même âge constituent le groupe le plus important auquel les enfants se réfèrent pour comprendre l'avenir. Cela affecte la façon dont ils s'adaptent au collège. Par exemple, le jeu diminue pendant la récréation à la fin du primaire, parce que « les grands » ne jouent pas, disent-ils.

En s'entretenant avec des jeunes Norvégiens de douze ans, Wærdahl (2005) montre que leurs attentes font partie des processus de socialisation et d'adaptation aux futurs contextes. Les objets et surtout les vêtements, signes importants de l'identité, jouent un rôle majeur dans l'ajustement à leur nouvelle identité. Connaître ce qui est requis dans une situation nouvelle est également important dans la gestion des transitions.

Des recherches internationales étudient les attentes des enfants au moment de l'entrée dans l'école. Dans leur étude ethnographique des transitions en Italie, Corsaro et Molinari (2005) ont suivi des enfants lors du passage de l'école maternelle à l'école primaire, en se centrant sur leurs activités et leurs points de vue. Les résultats montrent que les enfants expriment et travaillent leurs représentions de l'école primaire, dès la maternelle. Le processus de transition et les ajustements à l'école débutent dans le préscolaire, car les enfants participent à des activités qui les y préparent et ils parlent de leurs attentes. Celles-ci ont été également explicitées après le passage dans le primaire qu'ils ont jugé plus proche de leur expérience préscolaire qu'ils ne l'avaient imaginé. En ce sens, l'école ne correspond pas à leurs attentes, en raison de la tension entre la transition en douceur mise en place par l'enseignante et leur idée selon laquelle l'école primaire sera différente de l'école maternelle.

Dockett et Perry (2007a) ont étudié en Australie la transition du préscolaire (et/ou de la maison) à l'école primaire, en analysant les expériences et les attentes des enfants. Ils ont étudié de nombreux aspects de cette transition, comme la façon dont les enfants en parlent. Certaines choses sont supposées être différentes avant et après le passage : l'environnement physique, les interactions sociales et la conception de l'apprentissage. Ce dernier est généralement perçu comme un changement majeur, l'apprentissage dans le préscolaire est décrit comme basé sur le jeu (nous pouvons relever les similarités avec l'étude de Corsaro et Molinari) tandis qu'à l'école, il est supposé être plus académique. Dockett et Perry s'intéressent aussi aux parents et à leurs attentes. Dans le préscolaire, selon les parents, le *care* est très important, mais à l'école ils supposent que les enfants ont davantage à prendre soin d'eux-mêmes. La discipline et la sécurité sont deux autres domaines où ils pensent aussi qu'il y a des différences. Selon les auteurs, il importe d'être conscient de ces attentes afin de rendre la transition la plus douce possible. Lorsqu'ils parlent de leur futur, une fois arrivés à l'école, les enfants s'expriment à propos des mêmes choses, de façon à la fois positive et négative. Ils sont inquiets quant aux règles plus strictes, mais ils voient aussi les bénéfices potentiels pour ceux qui les respectent.

White et Sharp (2007) ont étudié quant à eux, au Royaume-Uni, le passage entre la *foundation stage* (une sorte de *reception class*, classe précédent l'école primaire) et la première classe de primaire (entre la fin du préscolaire et l'école obligatoire). Les auteurs ont interrogé les enfants avant et après le passage, en se centrant sur leurs attentes et leurs expériences de la transition. Ils montrent qu'ils associent la *foundation stage* davantage au jeu qu'au travail, et quand on leur a demandé de parler de la première classe du primaire, ils ont pensé que ce serait différent : avant tout, avec du travail, un travail difficile. Avoir davantage de travail et un travail plus dur, c'est ce que les enfants relient au fait d'être plus âgés. Certains voient cela de façon positive, tandis que d'autres s'en inquiètent. White et Sharp notent une différence entre les enfants des écoles ordinaires et ceux des écoles qui ont une pédagogie basée sur le jeu. Ces derniers pensent alors que la différence entre la *foundation stage* et la première classe de primaire ne sera pas si grande. Au lieu de parler d'une augmentation du travail, ils évoquent les nouvelles choses qu'ils feront.

Une autre étude de cette même transition, au Royaume-Uni, porte sur les sentiments des enfants, des parents et des enseignant.e.s (Fisher, 2009). À l'aide de questionnaires, l'auteure propose une vue d'ensemble des émotions (dont les attentes) de ces trois groupes, liées à la transition. Des questions similaires ont été posées à tous. Elle a demandé aux enfants de montrer ce qu'ils ressentent à l'idée de passer dans la première classe du primaire. Ces derniers pouvaient répondre avec des dessins et/ou l'aide d'un.e enseignant.e. Ils ont dit qu'ils étaient très contents à l'idée de grandir, d'accéder à de nouveaux environnements (comme « la grande cour de récréation ») et de faire face au défi d'un travail scolaire plus ardu. Ils ont aussi exprimé leurs craintes. L'accès à de nouveaux environnements est à la fois désiré et potentiellement inquiétant. Ils se sentent plus exposés aux enfants plus âgés qu'ils considèrent comme possiblement « dangereux ». Les attentes négatives correspondent à l'anxiété quant à ce qui pourrait arriver et à la tristesse de laisser derrière eux ce qu'ils aiment (enseignant.e, amis, lieu). Les préoccupations des enseignant.e.s sont autres : il est question de curriculum et d'apprentissage. Fisher défend qu'il est essentiel pour les enseignant.e.s de connaître les inquiétudes des enfants, sinon le travail sur la transition peut perdre de vue ce qui importe pour eux.

Dans une étude antérieure (Lago, 2014 ; 2015), nous avons montré en quoi le concept de futur a une place importante dans le passage de la classe préscolaire suédoise (*förskoleklass*) à la première classe du primaire (*årskurs ett*). Les activités et points de vue des enfants sur cette transition ont été étudiés à l'aide d'une approche ethnographique, d'observations participantes et d'entretiens. Les activités de la classe préscolaire s'avèrent souvent motivées par ce que feront les enfants l'année suivante. En prêtant attention au futur, les enfants ont été construits comme des êtres en devenir, en tant qu'écoliers du primaire. Selon cette étude, parler du futur constitue une entrée en matière pour mettre l'accent sur la différence, la transition et le changement entre différentes activités et contextes scolaires.

Le type d'attentes des enfants est similaire dans les différentes études, autour de moins de jeu, plus de travail et un travail plus difficile, et de nouveaux devoirs. À la suite de ces travaux, l'étude présentée ici participe à la connaissance de la construction des connaissances du futur chez les enfants, en se centrant sur leurs attentes à l'égard de l'école et la façon dont ils les construisent. Les connaissances issues des précédents travaux sont élargies et approfondies à l'aise de concepts théoriques relatifs à la socialisation, pour rendre intelligible un matériel ethnographique.

Le cadrage théorique de la recherche

La manière de parler des transitions est importante et influence leur construction. Pour analyser et comprendre les attentes des enfants quant à leur entrée à l'école, le concept de socialisation est utile. La socialisation peut être décrite comme un ensemble de processus par lesquels on comprend, on donne du sens à sa vie et on acquiert des connaissances sur ce qui est attendu quant aux façons d'agir dans différentes situations (Berger & Luckmann, 1997 [1966]). Il s'agit de mettre l'accent sur la façon dont on apprend les normes de conduites, dont on les négocie et dont on s'y adapte (Corsaro, 2005 ; Gaskins, Miller & Corsaro, 1992). Il s'agit aussi d'analyser les activités spécifiques qui contribuent à la socialisation, et plus particulièrement la manière dont elle s'effectue plutôt que son résultat (Wentworth, 1980).

Les attentes relatives au futur sont importantes pour la socialisation et pour la façon dont se font les transitions. Le concept théorique de « socialisation anticipatrice » peut être utilisé pour analyser ces processus. Pour Merton (1968, p. 319), ce sont « des fonctions d'orientation positive envers des groupes auxquels on n'appartient pas », c'est-à-dire ce qui permet de s'ajuster à de futurs contextes, en s'appuyant sur les croyances que l'on en a. Merton n'adopte pas une perspective interprétative. Il ne se centre pas sur la négociation ou le changement, mais plutôt sur le maintien des structures sociales. Le concept de socialisation anticipatrice, né chez Merton, a été utilisé dans les approches constructionnistes, par exemple par Corsaro et Molinari (2005), Kvalsund (2000) et Wærdahl (2005). Dans ces études, ce concept inclut l'ajustement des conduites aux attentes quant au futur et la relation de ces attentes aux pratiques sociales et aux attentes des autres. Les trois études l'utilisent pour analyser les points de vue des enfants sur les transitions. Les événements à venir sont vus comme le résultat du passé et du présent. Ces visions ne sont pas toujours guidées par une connaissance explicite des contextes futurs mais plutôt par des attentes, des croyances, des idées. Les concepts d'orientation vers le futur et d'enfants « en devenir » sont également utilisés pour analyser l'évolution de l'école et la transition (Adam, 1995 ; Hockey & James, 1993 ; Uprichard, 2008). Adam et Groves (2007) défendent que le futur se construit dans le présent.

Une observation participante avec les enfants

Notre étude repose sur des données recueillies au cours d'un travail ethnographique. Un groupe d'enfants (au total 25, 11 filles et 14 garçons) et leurs enseignantes ont été suivis lors du passage de la classe préscolaire à la première classe du primaire, à l'école André, une école pour enfants de six à douze ans située dans le centre d'une ville suédoise de taille moyenne, un quartier multiculturel, plutôt défavorisé. Le travail de terrain a duré environ de dix mois. Les enfants ont été suivis pendant les leçons, les jeux, la récréation et les autres activités. Nous avons effectué une observation participante. Procéder ainsi avec les enfants, en prenant part à leur vie quotidienne dans la classe préscolaire, est un moyen d'approcher étroitement leurs points de vue (James, Jenks & Prout, 1998 ; Prout & James, 1997). Ce faisant, nous avons essayé d'en savoir davantage sur ce qui se passait dans la vie de chacun et sur leurs expériences en train de se faire plutôt qu'après coup (Emerson, Fretz & Shaw, 1995 ; Walford, 2008).

Des entretiens ont été également réalisés avec les enfants au cours de cette période. Les laisser parler des divers aspects de leur vie quotidienne est un autre moyen d'approcher leurs points de vue. Les entretiens ont été l'occasion, pour eux, de parler de ce que j'avais observé et, pour moi, d'accéder à leurs points de vue sur leur passage dans la première classe du primaire. Ces points de vue ont été pris en compte pour interpréter les observations. Les entretiens ont été menés en petits groupes de deux à quatre enfants, afin de leur permettre de s'inspirer mutuellement (Christensen, 2004 ; Mayall, 2000). Les entretiens ont été documentés à l'aide des notes de terrain et des enregistrements audio. Ce chapitre s'appuie principalement sur les entretiens, mais aussi sur l'observation de la façon dont les enfants ont parlé de leurs attentes entre eux et avec leurs enseignantes.

Aux méthodes ethnographiques sont associées des considérations éthiques en raison du lien étroit entre méthode et recherche avec les enfants. Il importe d'être sensible à ce que les enfants expriment et aux relations de pouvoir déséquilibrées entre adulte et enfant (Hammersley & Atkinson, 2007). Ceci est crucial et permet une meilleure compréhension, par exemple, des processus d'attribution de significations aux transitions, et des descriptions approfondies dans ce domaine. Les entretiens avec les enfants ont été réalisés en petits groupes afin de tenir compte des relations de pouvoir (Christensen, 2004 ; Mayall, 2000) entre moi en tant qu'adulte et les enfants qui ont donné leur accord verbal, au début du travail de terrain, pour participer à l'étude et aux entretiens. Un chercheur n'est pas obligé légalement de demander l'accord formel des enfants, mais dans la mesure où leur participation était cruciale, cet accord était important. D'un point de vue éthique, les enfants devraient avoir le droit de donner ou pas leur accord sur tout ce qui les concerne (Freeman & Mathison, 2009). Les enseignantes comme les enfants l'ont donné verbalement et ont été informés oralement, avant le début de l'étude. Une lettre d'accord contenant les renseignements sur l'étude et l'utilisation des données a été distribuée aux enfants et aux parents. Lorsque cela a été possible, les parents ont été informés oralement au moment où ils venaient dans la classe préscolaire. Tous les noms ont été changés afin de protéger l'identité des participants.

Les entretiens et les notes de terrain ont été analysés, codés et catégorisés en thèmes. Dans ce chapitre, les catégories liées à la construction des attentes par les enfants et aux significations qu'ils donnent aux contextes à venir ont donné lieu à des analyses approfondies, à partir d'exemples relevant de ces catégories. Celles-ci montrent également différents moyens de construire des attentes quant au futur.

Visions du passage à l'école

Les transitions entre différentes structures éducatives sont liées à leurs représentations. En passant de l'une à l'autre, les enfants doivent faire sens sur les changements et les permanences. Ils ont dit combien ils étaient contents d'apprendre des choses nouvelles : lire et écrire davantage, apprendre les mathématiques, etc. Ils ont également explicité leur enthousiasme face aux nouveaux défis qu'ils rencontreront : « Toi, tu aimerais faire la même chose tout le temps ? J'aimerais pas ! », m'a répondu Tobias lorsque je lui ai demandé pourquoi ils devaient changer d'école. On peut l'interpréter comme un désir de nouveaux défis ou peut-être seulement comme un désir de changement. Dans l'exemple introductif, concernant l'école en Lego, l'enfant était centré sur les nouveaux adultes, les nouveaux amis et les nouveaux objets de la nouvelle école. Le nouveau paraît excitant dans les attentes des enfants.

Cet exemple comprenait également des attentes quant à une situation plus scolaire, avec des bancs et un seul adulte, alors qu'il y a plusieurs enseignant.e.s dans les groupes[4], à la pré-école. L'enfant s'attendait aux apprentissages et aux livres (scolaires), se représentant la classe préscolaire comme un lieu d'apprentissage. Les enfants de l'école André ont formulé des attentes similaires (en termes de lecture et de mathématiques) lorsque je les ai interrogés sur la première classe du primaire, et ont alors relativisé leurs visions quant à la classe préscolaire.

> Tobias : Tu sais, on n'apprend pas tant que ça dans la classe préscolaire
> Chercheur : Ah, bon ?
> Tobias : Non. On n'apprend pas à lire et écrire et les lettres et tout ça. On fait ça dans la première classe, à l'école.
> Chercheur : N'as-tu pas appris d'autres choses dans la classe préscolaire ?
> Tobias (après un moment de silence) : Bon, peut-être.

Beaucoup d'enfants ont eu des propos semblables à ceux de Tobias. De plus, parler de ce qu'ils auront à apprendre à l'école signifie qu'ils sauront compter, lire, écrire, etc., ce qui contraste avec la pré-école où ils *pourraient* avoir appris des choses. Le discours de Tobias sur la première classe du primaire correspond à une vision très représentative.

Qu'il s'agisse du passage de la pré-école à la classe préscolaire ou du passage de cette classe à l'école, dans une sorte de continuum, les attentes semblent liées à une forme plus scolaire et à une place moindre pour le jeu. Elles peuvent également être comprises comme des attentes apportées par du changement. Pour marquer la transition, les différents types de scolarisation impliquent un changement qui entraîne des attentes que quelque chose (ce qui s'y passe et comment) du contenu et des activités doit se transformer. S'il n'y a pas de changement il n'y a pas besoin de transitions, pas besoin de changer de type de scolarité, d'enseignant.e.s, de salles de classe, de livres. Lorsque l'école et les enseignant.e.s marquent les transitions (par exemple, en parlant des différentes formes scolaires et de la façon dont les enfants vont démarrer la « vraie école » après l'été), cela crée chez les enfants un besoin de donner du sens à ces transitions, de comprendre ce qui change. Lors de ces transitions éducatives, leurs représentations de ce qu'est l'école deviennent partie intégrante de leur activité de faire sens et des attentes concernant leur futur.

---

[4]   Dans la pré-école suédoise, on parle communément de groupes (*förskolegrupp*) et non de classes.

Outre ces attentes d'apprentissages plus formels, les enfants supposent qu'ils auront moins de temps pour jouer. Tilde et Sofi répondent ainsi à mes questions sur ce qui se passera dans la première classe du primaire :

Chercheure : Ce sera comment dans la première classe, à l'école, à votre avis ?

Tilde : Sympa.

Sofi : Sympa.

Chercheure : Et pourquoi ce sera sympa ?

Sofi : Mais les devoirs de maths à la maison, ça sera pas amusant.

Chercheure : Y en-a-t-il dans la première classe ?

Sofi : Oui.

Tilde : Nous en avons déjà.

Moi : Vous en avez déjà ?

Tilde : Bon, et après on ne jouera plus autant et ce sera embêtant. (…).

Chercheure : C'est sympa d'être dans la classe d'Anita ?

Tilde : Oui

Sofi : Oui

Tilde : Presque, mais pas si sympa

Chercheure : Pas si sympa ?

Tilde : Il n'y a rien pour jouer, là !

Le fait que le jeu soit vu comme moins important à l'école est récurrent dans de nombreux entretiens et, souvent, les enfants en sont troublés, comme Tilde. Cette attente renvoie pour partie à la quantité de jeu (« nous ne jouerons pas autant ») et pour partie au type de jeu. Quand Tilde relie le jeu à l'environnement matériel de la classe du primaire, en disant qu'il n'y a rien avec quoi jouer, elle réfère à un type spécifique de jeu, le 'jeu libre' où les enfants ont le choix. L'environnement contribue à ces attentes. L'absence de jouets à l'école en fait un lieu pour le travail scolaire et non pour le jeu. Chapparo et Hooper (2002) défendent que l'environnement matériel est important quand les enfants définissent des activités aussi variées que le jeu ou le travail scolaire. Il est vecteur de messages autorisant une compréhension et des interprétations diverses. Comme l'ont montré des recherches antérieures, le ludique et l'amusant cèdent le pas au travail et, dans une certaine mesure, à un avenir plus ennuyeux et contraignant. Le travail scolaire est ainsi quelque chose que les enfants attendent et ils en sont contents, mais ils disent en même temps qu'il est ennuyeux et difficile, comme Sofi à propos des devoirs de maths à la maison. Le changement attendu est à la fois espéré et redouté, le même enfant pouvant dire simultanément son impatience et ses craintes quant à ces apprentissages.

Des attentes fondées de multiples manières

Ainsi, les enfants ont différentes attentes quant à ce futur dont ils n'ont pas encore fait l'expérience. La question est alors de savoir sur quoi reposent leurs suppositions. L'analyse montre les différents moyens par lesquels les enfants reçoivent et construisent des connaissances qui vont servir de base à leurs attentes : des généralisations d'expériences antérieures, des pratiques pour le futur, des emprunts d'expérience et des premières rencontres.

Généraliser à partir d'expériences antérieures

Quand on demande aux enfants ce qu'est la classe préscolaire, ils la comparent souvent à la pré-école : « C'est comme le jardin d'enfants mais il y a des livres de maths et après on ne joue plus autant », affirme Tilde en soulignant des symboles du travail scolaire traditionnel qui apparaissent comme les plus grands changements du passage de la pré-école à la classe préscolaire. Le jeu est supposé diminuer en faveur du travail. Ce changement devrait se poursuivre par la suite, lors du passage à l'école, comme le précise Tilde ci-dessus. Ce qui place cette transition dans un enchaînement de transitions où un changement qui commence dans la classe préscolaire est supposé continuer dans les classes scolaires.

Comme dans l'étude d'Einarsdóttir (2007) et celles présentées plus haut, les premières transitions vers l'école se caractérisent pour les enfants par moins de jeu et plus de travail. En grandissant et en entrant dans le primaire, les relations entre les deux traditions éducatives (pré-école liée au jeu / école liée aux matières scolaires) changent au profit du travail scolaire. La transition est construite à travers cette comparaison, les enfants soulignant des ressemblances (« c'est comme à la pré-école ») et des différences (« mais il y a des livres de maths et après on ne joue plus autant »). Cette utilisation de l'expérience passée est un moyen de comprendre et de donner du sens au changement. Tilde y recourt pour exprimer ses attentes, montrant l'usage simultané de différentes temporalités dans le processus d'attribution de significations. Ce qui est attendu ici est clairement basé sur des expériences antérieures mais c'est aussi une vision du futur et de ce qui pourrait arriver.

Lorsqu'on leur a demandé comment ils savaient tout cela sur la première classe de l'école primaire où ils n'étaient pas encore, les enfants ont souvent évoqué les visites de leur future classe (dans l'exemple suivant, les enfants parlent de la classe de troisième du primaire qui leur était souvent ouverte).

Chercheure : Comment sais-tu ça ? (les règles de l'école) ?
Tomas : Parce qu'on sait. Nous y avons été. On a appris.
Chercheure : Comment tu as appris ?

Tomas : Nous y avons été beaucoup de fois. (…)
Chercheure : Comment sais-tu à quoi ressemble la première classe de primaire ?
Tomas : Nous avons été dedans, dans la classe de troisième primaire.
Chercheure : Mm…
Tomas : Ils ont seulement quelques dinosaures.

Dans cet exemple, Tomas s'appuie sur son expérience (limitée) de la première classe de l'école. Il n'y est pas encore, mais il infère certaines choses à partir de ce qu'il a vu dans la classe de troisième, comme les dinosaures. Ainsi, des actions telles que des visites de l'école sont des moyens d'acquérir une première expérience à partir de laquelle les enfants peuvent tirer des conclusions et généraliser. Ces coups d'œil dans les classes leur permettent de se faire une opinion de leur futur contexte et de leur vie à l'école. Ce sont donc des outils importants pour faire sens, chez des enfants se trouvant face à une transition proche.

Pratiquer pour le futur

Une partie importante des compréhensions et attentes des enfants peuvent être reliées aux activités réalisées en vue des futures pratiques scolaires. Dans la classe préscolaire, les enseignantes ont l'habitude de motiver de diverses façons les activités et leurs contenus par des arguments relatifs au besoin de développer les pratiques dont les enfants auront besoin par la suite. Nos notes de terrain relèvent, par exemple, ces échanges :

Nous parlons de ce qu'ils font avec Anita, l'enseignante de l'école[5]. Pia, enseignante préscolaire, l'explique à Kajsa, l'autre enseignante préscolaire. Pia demande si quelqu'un dans le groupe sait lire ; Emma répond qu'elle peut. « C'est intéressant la façon dont on apprend à lire », dit Pia, « c'est pour cela que nous travaillons avec des groupes de langage ici dans la classe préscolaire, pour que ce soit plus facile d'apprendre à lire à l'école ».

Dans l'explication de l'enseignante à propos des groupes de langage, le travail du langage dans la classe préscolaire renvoie à ce que les enfants doivent être capables d'apprendre par la suite – lire à l'école. L'important n'est pas ce qu'ils apprennent maintenant ici, mais ce qu'ils seront capables d'apprendre plus tard et qui résulte de ce travail. Ce qui existe maintenant existe seulement pour advenir dans le futur (Lago, 2015). En expliquant le but de la classe préscolaire, les enfants en parlent souvent comme un temps de préparation à l'école :

---

[5] En Suède, les enseignant.e.s du préscolaire et de la classe préscolaire (les *förskollärare*) n'ont pas la même formation ni le même nom que les enseignant.e.s de l'école obligatoire à partir de sept ans (les *grundskollärare*).

Chercheure : Qu'est-ce que la classe préscolaire, vous pouvez me le dire ?
Rabi : Je sais. C'est comment on doit apprendre à être à l'école.

La préparation, la pratique pour le futur semblent importantes dans les propos des enfants sur la classe préscolaire. Rabi en fait l'objectif de cette classe. En la décrivant ainsi, comme d'autres enfants, il montre qu'ils ont besoin de s'exercer pour être capables d'acquérir des connaissances et compétences qu'ils n'ont pas encore. Ce discours peut être lié à celui des enseignantes sur la préparation à l'école. Les façons dont elles parlent des différentes activités peuvent être considérées comme des indices de ce qui importe pour la suite. Ces messages de socialisation sont importants et peuvent être mis en relation avec le faire sens chez les enfants. La pratique préparatoire du futur devient alors une partie de leurs attentes. Ils apprennent ainsi que ce qu'ils font compte pour plus tard, plus qu'en soi. En ce sens, devenir un élève, c'est comprendre que ce qui est fait dans une classe n'est qu'une préparation pour la classe suivante.

Emprunter des expériences

Les enfants ont donc des connaissances et des attentes concernant le futur. Comment se fait-il qu'ils en sachent autant sur l'école ? Face à cette demande, l'explication habituelle était que d'autres, qui selon eux connaissent la première classe du primaire, leur en ont déjà parlé, comme en témoignent respectivement Sofie et Alima.

Sofie : Oh, comme ça. D'habitude, j'ai. D'habitude papa va quelque part et après, et après d'habitude, il. Comment il l'appelle ? Demande sur ce truc. Comment c'est d'être dans la première classe. C'est comment, c'est… J'ai vu des choses et mon frère parle toujours de ce qu'il faisait dans cette classe.
Alima : Après j'irai dans une autre école pour trois ans et après je suis libre ! (elle ouvre grand ses bras).
Chercheure : Libre ?
Alima : Oui, je ne devrai plus aller à l'école. Mon papa me l'a dit.

Le futur est souvent présent dans les propos des enfants sur l'école. Aussi l'école (ainsi que la pré-école et la classe préscolaire) semble être un lieu où changer et devenir. Dans les exemples, Sofi et Alima se réfèrent à leurs pères, et Sofi également à son frère. En plus des parents et de la fratrie, les enfants parlent aussi d'écoliers plus âgés d'autres classes, comme sources de leurs connaissances, ceux « qui m'ont parlé de l'école ». Cette connaissance consiste en emprunts aux autres, leurs expériences deviennent des attentes. Elle est communiquée et négociée entre individus aux expériences différentes. Les expériences empruntées font partie des significations de ce qu'est être un nouveau à l'école.

Les déclarations des enseignantes sur ce qui va arriver (voir plus haut) peuvent également être vues comme une sorte d'emprunt, avec des renvois à ce qui est arrivé au cours d'autres activités similaires, à « ce qui se passe habituellement », et pas seulement à l'expérience et la connaissance de la transition d'autres et des enfants en question. À l'école, d'autres transitions sont survenues plus tôt. Elles ont un impact sur l'organisation des routines et des activités dans la classe préscolaire, et relie cette transition aux transitions antérieures. Les enfants parlent de la première classe du primaire, en s'appuyant en partie sur leurs propres expériences (comme les visites dans la salle de classe d'Anita) mais aussi sur les échanges avec les enseignantes de la classe préscolaire. La socialisation interprétative, associative, comme processus créatif est proche des concepts de créativité et d'imagination chez Vygotsky (1995 [1930]). L'imagination, selon Vygotsky, implique que, sur la base de l'expérience, l'individu développe et re-développe pensées et idées. Le changement, selon cette conception, résulte de la communication interpersonnelle et de l'emprunt d'expériences, sachant que le partage des expériences avec les autres peut donner une connaissance d'événements non vécus par soi-même.

« Ce qu'on fait d'habitude » : premières rencontres

Une autre façon de construire des attentes est de se référer à ce qui est « habituel » et de généraliser de nouvelles expériences où des événements uniques représentent ce qui doit être. Les différences entre types de scolarité (pré-école et classe préscolaire ou classe préscolaire et école) ont été explicitées et les enseignantes ont répondu aux attentes des enfants sur la façon dont cela se passerait en racontant ce qu'elles faisaient d'habitude. Parfois « d'habitude » est référé au type d'école – « ce qu'on fait dans la classe préscolaire », « ce qu'on fait dans la première classe du primaire ». Parfois « d'habitude » s'adresse à un groupe spécifique d'enfants, comme lorsque l'enseignante du primaire, Anita, après quelques jours dans sa classe, a dit qu'ils devraient vérifier la date comme d'habitude. Les réponses aux nombreuses questions des enfants sur la suite de leur scolarité sont données dès qu'elles surgissent, et la nouveauté est traitée comme de l'« habituel ».

Les enfants eux-mêmes disent aussi « d'habitude » pour expliquer et parler de la future et nouvelle scolarité. Lors d'un entretien, Alima parle de ce qu'ils font habituellement quand je la questionne sur la première classe de l'école (et elle poursuit, en parlant de la deuxième et de la troisième classe).

Chercheure : D'accord. Que fait-on dans la deuxième année d'école après ?
Alima : Tu dois apprendre à rester tranquille et à lever la main. Ne pas parler fort parce qu'après la maîtresse n'est pas contente et après tu peux retourner dans la classe préscolaire. De nouveau.

Chercheure : Mm…
Alima : Et tu apprends.
Chercheure : Qui t'a dit ça ?
Alima : Personne.
Chercheure : Personne ? Mais tu le sais.
Alima : Oui, je sais.
Chercheure : Mm… Sais-tu quelque chose d'autre sur la deuxième classe du primaire ?
Alima : Non. Juste ça. Mais j'en sais plus sur la troisième classe.
Chercheure : Qu'en sais-tu ?
Alima : D'habitude on fait des livres et on dessine mais pas avec la même couleur ou les mêmes choses ou n'importe quoi. Et on fait un livre avec ça.

Même si elle n'est pas dans cette troisième classe et si elle a fait peu de visites dans la première, Alima décrit ce qu'on y fait « d'habitude ». « D'habitude » devient une manière de légitimer les règles et procédures du futur ou nouveau contexte, « c'est comme cela qu'on fait ici ». Ball (1980) souligne que communiquer sur les attentes et les règles débute dès que l'on entre dans une nouvelle situation. La façon dont les enseignantes répondent aux attentes des enfants indique les règles et normes locales et leur application dans ce contexte particulier. Elles sont interprétées immédiatement par les enfants, pour de comprendre le nouveau contexte. « D'habitude » est une manière pour l'enseignante de donner des repères, et de travailler l'ordre dans la classe. Le « d'habitude » des enfants peut être vu comme un effort de leur part dans leur interprétation de ce qui se passe. « D'habitude » peut être pensé comme un signal à propos de l'ordre local, attendu et compris.

Une autre coutume de la première classe, à l'école, pouvant être interprétée comme « ce qu'on fait d'habitude » est la pratique partagée des enfants de s'enseigner mutuellement le travail scolaire. Les enfants le font très vite, dans cette première classe du primaire, à peine familiarisés avec le travail en question. Dans la situation suivante, les enfants travaillent avec les nombres et Vanna montre à Niclas ce qu'il faut faire.

Ce matin, les enfants écrivent des chiffres, à la grande table verte. L'enseignante a seulement introduit le premier chiffre, qu'ils doivent travailler dans la première classe du primaire, et la façon de procéder. Vanna et Niclas sont assis l'un à côté de l'autre. Niclas regarde par dessus sa feuille de papier pour voir ce que font les autres. « Je suis en avance sur vous ! » dit Niclas. Vanna regarde le livre de Niclas puis le regarde. « Maintenant, tu dois faire seulement ça, beaucoup de zéros » dit Vanna à Niclas en pointant son cahier.

En montrant qu'ils savent comment faire le travail scolaire, nouveau pour eux, les enfants font état des connaissances acquises sur ce que veut dire être en première année d'école. Dans la mesure où leur expérience est récente, lors de ces premiers jours à l'école, leurs connaissances sont basées sur leurs attentes. En les utilisant et en généralisant à partir de cette expérience réduite, ils ont créé un « d'habitude », un « c'est comme ça que la première classe de l'école primaire marche » et les enfants qui « savent comment faire » sont alors des écoliers qui ont les capacités requises dans cette classe. Selon Danby et Baker (1998), une façon de montrer ses compétences est d'utiliser des procédures attendues dans une situation nouvelle. De cette manière, les instructions entre enfants et les corrections mutuelles peuvent êtres vues comme un moyen de montrer son savoir sur ce qui est fait « d'habitude ». Ainsi, par exemple, Vanna et Niclas ont négocié l'idée qu'il y a un moyen correct (ou au moins un meilleur moyen) d'agir dans la première classe de l'école.

Pour résumer, les enfants ont des attentes quant au futur. Ces attentes font partie de la vie quotidienne et la compréhension des nouveaux contextes commence avant le passage dans ces derniers. La transition est ainsi conçue comme un processus dans le temps et non comme un événement ponctuel. Dans les échanges avec les adultes et leurs pairs, les enfants acquièrent et mobilisent leurs attentes quant à l'avenir, en utilisant différentes stratégies telles que la généralisation d'expériences passées, les pratiques acquises pour le futur, les emprunts d'expériences d'autrui et les premières rencontres avec le nouveau milieu. Ainsi, le futur devient un aspect temporel important de la transition (Lago, 2015).

Dans la classe préscolaire, parler de la suite et de ce que les enfants en attendent fait partie du processus qui les amène à devenir des enfants de la première classe de l'école. Cela participe à la compréhension du futur et à sa préparation. Ce peut être vu comme un travail de socialisation. Les conditions sont ainsi créées d'une socialisation anticipatrice fondée sur ce qui n'est pas encore advenu (Corsaro & Molinari, 2005 ; Wærdahl, 2005). Ces échanges et pratiques de préparation peuvent être compris au regard d'idées co-construites de ce qui va se passer après la transition. Nous avons montré comment cette socialisation procède, en terme de processus, et les efforts dont témoignent les enfants pour donner du sens à l'école, à la pré-école, à la scolarité et aux transitions. Il s'agit d'un processus dans lequel ils négocient et acquièrent des savoirs quant à ce que signifie être un enfant à l'école, une compétence scolaire en quelque sorte.

Conclusion

Les résultats de l'étude présentée ici convergent avec ceux de recherches antérieures (Corsaro & Molinari, 2005 ; Dockett & Perry, 2007a ; Fisher, 2009 ; White & Sharp, 2007). Au-delà des différences entre systèmes éducatifs, les attentes des enfants semblent être similaires : autour de la diminution du jeu, d'un travail plus important et plus difficile et de nouvelles contraintes. Mais notre étude montre en outre que les mêmes attentes présentent simultanément des aspects positifs et négatifs. Être confronté à de nouvelles tâches, par exemple, est excitant car il s'agit d'apprendre des choses nouvelles et de devenir plus compétent ; en même temps, ces tâches sont décrites comme potentiellement ennuyeuses et ardues.

Du point de vue des enfants, passer de la classe préscolaire à l'école est un processus au cours duquel ils acquièrent peu à peu les compétences d'un enfant de la première classe d'école primaire. Cela signifie que lors de la première rencontre avec l'enseignante du primaire, ils en savent déjà un peu sur cette nouvelle classe. Ils sont, d'une certaine façon, des écoliers compétents. Cette connaissance des points de vue des enfants sur le passage à l'école rend importante, aux yeux des enseignant.e.s préscolaires (de la pré-école et de la classe préscolaire), la réflexion sur les idées relatives à l'école qui leur sont communiquées avant d'y entrer. Ce chapitre montre que, lors du passage à l'école, les enfants ne sont pas soumis à des transitions mais y contribuent de manière créative. Ils sont des agents actifs dans la construction des attentes. Leur connaissance du futur résulte de leurs efforts pour comprendre, interpréter et partager les expériences et les messages socialisants, dans le contexte de la classe préscolaire. Être un enfant d'une classe préscolaire, avoir été un enfant de la pré-école, devenir un enfant de l'école et transiter d'une situation à l'autre n'est pas se conformer à des contextes préexistants. Au contraire, on peut dire que la transition relève de la création et re-création de pratiques sociales. Les points de vue des enfants et leurs attentes quant à l'école sont liés à la tradition suédoise dans laquelle la pré-école et l'école ont des missions différentes. Ces deux institutions ont en effet des visions distinctes des enfants et des apprentissages (Dahlberg & Lenz Taguchi, 1994). Ces différentes traditions et visions sont visibles lors du passage de l'une à l'autre. L'école devient quelque chose de différent de la pré-école lors de la transition, en passant par la classe préscolaire. Les enfants y sont confrontés d'une façon ou d'une autre et ils donnent, au cours de ce processus, du sens à cette transition.

Les résultats montrent que, bien que les enfants soient très enthousiastes à l'idée d'entrer à l'école, ils pensent aussi qu'elle est source d'ennui et de difficultés. En échangeant avec eux, les enseignantes préscolaires renforcent plus souvent leurs idées négatives qu'elles ne soutiennent l'enthousiasme des enfants. Cela signifie que l'avenir scolaire est davantage construit comme quelque chose de difficile et ennuyeux, qui se reflète ensuite dans la façon dont les enfants traitent la transition.

Les résultats mettent également à jour les différents moyens auxquels les enfants ont recours construire leurs attentes quant à l'avenir proche. La connaissance qu'ils en ont provient de la généralisation d'expériences antérieures, d'activités dans la classe préscolaire centrées sur l'école, d'emprunts d'expériences d'autrui et de la généralisation de nouvelles expériences où des événements isolés en viennent à représenter ce qu'ils « font d'habitude ». La construction du passage vers et depuis la classe préscolaire est ainsi liée à ce qu'est l'école et à ce qu'il est attendu qu'elle soit. Il importe de comprendre les attentes des enfants pour pouvoir les accompagner pendant la transition, travailler les attentes négatives et renforcer celles qui sont positives dans la mesure où cela peut jouer, à long terme, sur les résultats et leurs attitudes à l'égard de l'éducation.

Références bibliographiques

Adam, B. (1995). *Timewatch : The social analysis of time.* London : Polity.

Adam, B. & Groves, C. (2007). *Future matters : Action, knowledge, ethics. Supplements to the study of time.* Leiden : Brill.

Ball, S. J. (1980). Initial encounters in the classroom and the process of establishment. In Peter Woods (ed.) *Pupil strategies : Explorations in the society of the school.* London : Croom Helm, p. 143-162.

Berger L. & Luckmann T. (1997 [1966]). *La construction sociale de la réalité.* Paris : Armand Colin (première édition, *The social construction of reality. A treatise in the sociology of knowledge*).

Chapparo, C. J. & Hooper, E. (2002). When is it work ? Perceptions of six year old children. *Work*, 19 (3), p. 291-302.

Christensen, P. H. (2004). Children's participation in ethnographic research : Issues of power and representation. *Children & Society*, 18 (2), p. 165-176.

Corsaro, W. A. (2005). *The sociology of childhood.* Thousand Oaks : Pine Forge Press.

Corsaro, W. A. & Molinari, L. (2005). *I compagni : Understanding children's transition from preschool to elementary school.* New York : Teachers College Press.

Dahlberg, G. & Lenz Taguchi, H. (1994). *Förskola och skola : om två skilda traditioner och om visionen om en mötesplats* [Pré-école et école : deux traditions et conceptions d'un espace de rencontre]. Stockholm : HLS.

Danby, S. & Baker, C. (1998). How to be masculine in the block area. *Childhood*, 5 (2), p. 151-175.

Dockett, S. & Perry, B. (2007a). Children's transition to school : changing expectations. In A.-W. Dunlop & H. Fabian (eds.) *Informing transitions in the early years : Research, policy and practice.* Maidenhead : McGraw-Hill, Open University Press, p. 92-104.

Dockett, S. & Perry, B. (2007b). *Transitions to school : perceptions, expectations, experiences.* Sydney : University of New South Wales Press.

Einarsdóttir, J. (2007). Children's voices on the transition from preschool to primary school. In A.-W. Dunlop & H. Fabian (eds.) *Informing transitions in the early years : Research, policy and practice.* Maidenhead : McGraw-Hill, Open University Press, p. 74-89.

Emerson, R. M., Fretz, R. I. & Shaw, L. L. (1995). *Writing ethnographic fieldnotes.* Chicago : University of Chicago Press.

Fisher, J.A. (2009). 'We used to play in Foundation, it was more funner' : investigating feelings about transition from Foundation Stage to Year 1. *Early Years*, 29 (2), p. 131-145.

Flaherty, M. & Fine, G. A. (2001). Present, past, and future : Conjugating George Herbert Mead's perspective on time. *Time & Society*, 10 (2-3), p. 147-161.

Freeman, M. & Mathison, S. (2009). *Researching children's experiences.* New York : Guilford Press.

Gaskins, S., Miller, P. J. & Corsaro, W. A. (1992). Theoretical and methodological perspectives in the interpretive study of children. In W. A. Corsaro & P. J. Miller (eds.) *Interpretive approaches to children's socialization.* San Francisco : Jossey Bass publishers, p. 5-24.

Hammersley, M. & Atkinson, P. (2007). *Ethnography : principles in practice.* London : Routledge.

Hockey, J. & James, A. (1993). *Growing up and growing old : Ageing and dependency in the life course.* London : Sage.

James, A., Jenks C. & Prout, A. (1998). *Theorizing childhood.* Cambridge : Polity Press.

Kvalsund, R. (2000). The transition from primary to secondary level in smaller and larger rural schools in Norway : Comparing differences in context and social meaning. *International Journal of Educational Research*, 33 (4), p. 401-423.

Lago, L. (2014). *"Mellanklass kan man kalla det" : Om tid och meningsskapande vid övergången från förskoleklass till årskurs ett* [Classe intermédiaire, temps et attribution de signification lors de la transition de la classe préscolaire à la première classe de l'école]. (Thèse de doctorat). Linköping : Linköping University.

Lago, L. (2015). Time for transition : The use of future in the transition from preschool class to first grade. *International Journal of Transitions in Childhood*, 7, p. 26-34.

Mayall, B. (2000). Conversations with children : Working with generational issues. In P. Christensen & A. James (eds.) *Research with children : Perspectives and practices.* London : Falmer Press, p. 120-135.

Merton, R. K. (1968). *Social theory and social structure*. New York : Free Press.

Prout, A. & James, A. (1997). A new paradigm for the sociology of childhood ? Provenance, promise and problems. In A. James & A. Prout (eds.) *Constructing and reconstructing childhood : Contemporary issues in the sociological study of childhood*. London : Falmer Press, p. 7-32.

Swedish National Agency for Education (2014). *Förskoleklassen : Uppdrag, innehåll och kvalitet* [La classe préscolaire : mission, contenu et qualité]. Stockholm : Fritzes.

Uprichard, E. (2008). Children as 'Being and Becomings' : Children, Childhood and Temporality. *Children & society*, 22 (4), p. 303-313.

Vygotsky, L. (1995 [1930]). *Mind in society : The development of higher psychological processes*. Cambridge : Harvard University Press.

Walford, G. (2008). The nature of educational ethnography. In G. Walford (ed.) *How to do educational ethnography*. London : Tufnell Press, p. 1-15.

Wærdahl, R. (2005). 'Maybe I'll need a pair of Levi's before junior high?' : Child to youth trajectories and anticipatory socialization. *Childhood*, 12 (2), p. 201-219.

Wentworth, W. M. (1980). *Context and understanding : An inquiry into socialization theory*. New York : Elsevier.

White, G. & Sharp, C. (2007). 'It is different…because you are getting older and growing up' : How children make sense of the transition to year one. *European early childhood education research journal*, 15 (1), p. 87-102.

Les enfants photographes : méthodologie pour une approche réflexive de la recherche avec les enfants

Sylvie RAYNA[1] et Pascale GARNIER[2]

> La photographie, « *découverte merveilleuse (...)*
> *à la portée du dernier des imbéciles* »
> (Nadar, 1857)

Lors d'une recherche collective récente menée avec Gilles Brougère, Pablo Rupin et Natalia La Valle sur la question de la qualité des structures collectives qui accueillent les enfants entre deux et trois ans – une section de grands en crèche, un jardin maternel, une classe passerelle, une TPS-PS d'école maternelle [3]–, nous avons opté pour une co-construction des données et le partage des significations avec leurs acteurs : professionnelles, parents et enfants (Garnier *et al.*, 2016). Ici, nous proposons une analyse réflexive de l'expérience tentée avec les enfants, dans le cadre de cette recherche, pour appréhender leur point de vue à travers la « voix silencieuse » de la photographie (Walker, 1993).

Approcher le point de vue des tout-petits n'est pas sans risque d'idéalisation ou de détournement. Car, qu'on le veuille ou non, il y a bien traduction de « la voix des enfants » par les chercheurs, inévitable travail interprétatif sur ce qu'ils nous donnent à entendre et à voir. Contre une vision naïve et spontanéiste de la parole des enfants, il s'agit ici de faire œuvre d'une réflexivité critique sur nos propres apprentissages d'une méthodologie de la recherche conduite avec des jeunes enfants et de mettre à l'épreuve ce que nous pouvons en tirer sur la question de la qualité des lieux qui les accueillent.

---

[1] Maître de conférences en sciences de l'éducation, IFE-ENS de Lyon et EXPERICE, université Paris 13 Sorbonne Paris Cité.

[2] Professeure en sciences de l'éducation, université Paris 13 Sorbonne Paris Cité.

[3] Le jardin maternel fonctionne globalement comme une crèche mais accueille uniquement des enfants de deux ans. La classe passerelle accueille des enfants de deux ans, dans une école maternelle, avec trois professionnelles : professeure des écoles, éducatrice de jeunes enfants et Agent Territorial Spécialisé des Ecoles Maternelles (ATSEM). La TPS-PS est une section en maternelle qui accueille à la fois des Tout-Petits de deux ans et des Petits de trois ans.

Une recherche avec et sur des enfants-photographes

L'exigence de réflexivité critique conduit à ne pas opposer recherche sur et avec les enfants mais à penser leur nécessaire articulation, en premier lieu à travers le choix d'une démarche méthodologique, pour étudier à la fois l'activité des enfants et celle des chercheurs dans le travail d'enquête. Comment investiguer les points de vue des enfants de deux ans, sinon de manière très concrète, en les matérialisant grâce à un appareil photographique ? Notre propos est donc ici la photographie, non point du monde mais d'« un monde » (Arrouye & Guérin, 2013) : celui des jeunes enfants dans leur structure d'accueil, tel qu'ils le perçoivent et le ressentent.

Ces enfants-photographes sont les huit enfants-cibles par structure (soit un total de trente-deux enfants : seize filles et seize garçons) que nous avons, par ailleurs, observés sur une journée (Garnier *et al.*, 2016).

Plusieurs études, avec des enfants un peu plus âgés, ont combiné l'observation de ces enfants et l'invitation à commenter les photos qu'il ont prises dans leur structure (Einarsdóttir, 2005, 2007 ; voir aussi son chapitre dans cet ouvrage). Nous avons exploré ce procédé, en proposant un appareil photo aux enfants, mais aussi en les filmant au cours de leur activité de photographe, puis lors de leurs commentaires des images (ou d'une sélection d'images) produites. Nous avons aussi cherché à susciter la parole des professionnelles face à ces photos.

En considérant la photographie avec sa triple face : l'image, l'activité qui la produit, la parole qui la met en mots, notre démarche se distingue des travaux anglophones, tout en s'inspirant d'eux. Il s'agit d'inscrire effectivement une réflexivité critique dans le dispositif d'enquête, avec une analyse non seulement des données (images et discours) mais des apprentissages des enfants et des chercheurs qui, conjointement, leur donnent lieu d'être dans le cours de la recherche.

La photographie : image, pratique, mise en mots

Au-delà de la simplicité qu'il y a à appuyer sur un bouton, du plaisir du geste et de l'écoute du « clic » (Tisseron, 1996 ; Sontag, 2008), photographier est une activité complexe qui engage dans un « voir, observer, penser », dans une succession et une coordination d'actions, de gestes, de déplacements (Tisseron, 1996).

Photographier est également une pratique culturelle dont les enfants font l'expérience de plus en plus tôt. Ils sont d'abord des sujets privilégiés des « photos de familles », surtout depuis les années 1960 (Bourdieu *et al.*, 1965 ; Garrigues, 1996 ; Jonas, 1989), et les échographies s'invitent parfois dans les « albums de famille » d'aujourd'hui. Au point où ne pas prendre des photos de leur enfant peut être perçu comme « signe d'indifférence de la part des parents » (Sontag, 2008, p. 23). Aux échographies succède une panoplie d'appareils photographiques divers, téléphones (Rivière, 2006), tablettes, etc., dont les enfants peuvent observer l'usage dans leur entourage et au-delà. Ils y ont parfois accès, et des appareils conçus pour eux sont disponibles sur le marché[4]. Dans les lieux de la petite enfance, ils sont aussi les sujets de multiples photographies : en groupe, avec la « photo de classe » ou de crèche ; individuellement : photos individuelles sur leurs casiers, photos avec leurs parents ou petits albums individuels pour faire le lien avec la famille ; photographies prises par les professionnelles pour documenter des situations pédagogiques, des sorties, etc. (Rinaldi, 2006), et ils rencontrent d'autres images que d'eux-mêmes et de leurs pairs dans les affichages, albums, catalogues, etc. Aussi, si certains jeunes enfants n'ont jamais ou très peu pratiqué la photographie, il est vraisemblable que la plupart a construit une certaine idée de ce qu'est un appareil, une photographie et cette activité particulière.

Alors que le marché des appareils ne cesse de proposer des produits pour des enfants de plus en plus en jeunes, la pratique photographique des enfants a suscité très peu de travaux. En abordant cet objet, Mitchell et Walsh (2002) montrent bien comment c'est le plus souvent dans le domaine pédagogique et/ou artistique, que la question des usages sociaux de la photographie enfantine est abordée. Leur analyse des photos prises par des enfants de six-dix ans, notamment de leurs mises en scène de rassemblements d'objets (jouets, peluches, etc.), permet de rapprocher leur pratique d'une pratique artistique, comme une sorte de jeu narratif qui subvertit à la fois une certaine vision de l'innocence enfantine et certaines des conventions artistiques des adultes. D'ailleurs, des photographes font volontiers référence à la sensibilité des enfants : « Le travail du photographe consiste, en partie, à voir les choses plus intensément que la plupart des gens. Il doit avoir et garder en lui la réceptivité de l'enfant qui regarde le monde pour la première fois (…), ils ont en eux une aptitude à l'émerveillement… » (Brandt, cité par Presnitzer, 2013). Les usages pédagogiques sont eux aussi très développés, notamment comme on l'a indiqué, à travers l'idée de documentation de l'expérience des enfants (Waller & Bitou, 2011).

La photographie, « art du silence » (Leenaerts & Roche, 2011), bénéficie d'un consensus sur la valeur et la puissance de l'image comme

---

[4]   Les « appareils photo pour enfants » sont nés il y a plus d'un siècle aux États-Unis, quand le directeur de la firme Kodak, George Eastman lance en 1900 le « Brownie Kodak » du nom d'une mascotte, un petit lutin, de la littérature enfantine des années 1880 (Gustavson, 2010). Destiné aux enfants pour fidéliser une future clientèle, il pouvait également être utilisé par les adultes, du fait de son prix et de sa simplicité d'utilisation.

langage. Elle joue de la sensibilité de chacun pour découper et collecter dans le réel. La pratique photographique des enfants doit être envisagée dans sa globalité, avec tous les sens en éveil, sa corporalité, sa complexité, comme chez l'adulte : rencontre entre soi et une extériorité, « projection de notre espace privé sur le monde extérieur (…) véritable go-between entre le photographié et nous » (Mora & Nori, 1983, p. 14).

La pratique photographique est aussi exploration consciencieuse de « l'ordinaire », du « terne », de « l'insipide » (Sontag, 2008), ouverture sur la création de nouveauté, montrant alors du « jamais vu » (Sontag, 1989), de l'« invu », en repoussant « les limites du photographiable » (Arrouye & Guérin, 2013), puisqu'il s'agit de « coloniser de nouvelles expériences ou de trouver des façons nouvelles de regarder des sujets familiers » (Sontag, 2008, p. 67).

La photographie est nécessairement rencontre productrice de lectures plurielles : « Toutes les photos sont exactes. Aucune d'elles n'est la vérité » (Avedon, 2008), dans la mesure où elles « ne peuvent rien expliquer par elles-mêmes » (Sontag, 2008, p. 42) : « la photographie ne sait dire ce qu'elle donne à voir » (Barthes, 1980, p. 156).

Cette multiplicité de lectures doit avoir droit de citer dans la recherche. De la même manière que la qualité des lieux d'accueil des jeunes enfants entend être investiguée de manière dialogique, la mise en mots des images et leur interprétation doivent être méthodologiquement pensées pour favoriser différentes lectures du photographié, le « *spectrum* » (Barthes, 1980), celles des enfants et celles d'autres « *spectatori* », professionnelles et chercheurs.

Nous retiendrons la distinction introduite par Barthes (1980) entre le « *studium* » et le « *punctum* », dans le double mouvement du « *spectator* » vers l'image (« sorte d'investissement général ») et de l'image vers le « *spectator* ». Le « *punctum* », explique Barthes, est ce qui « fait tilt (en moi) », « ce qui (me) point », un détail entraînant une « fulguration », un « détonateur », mais aussi « l'innommable », « un supplément ». Le « *studium* » étant le thème de l'image, plus ou moins attractive selon le « spectator ». Nous nous placerons ensuite du côté de l'enfant-photographe, l'« *operator* » de la prise de photo comme construction liée à sa sensibilité et ses « intérêts » (Claparède, 1951 [1905]). Nous montrerons ses mouvements et son parcours dans un espace familier pendant le temps d'une expérience le donnant à voir autrement, dans son « geste essentiel » « de surprendre quelque chose ou quelqu'un », une « performance » (Barthes, 1980, p. 57). Nous entendons montrer ses rencontres mi-recherchées, mi-imprévues avec ses sujets, aux frontières « entre l'intentionnel et l'involontaire », ainsi que sa « maîtrise technique » et ses « maladresses heureuses » (Sontag, 2008, p. 79 et 80).

Le photographe étant « le super-touriste, un anthropologue en vadrouille, qui va en visite chez les indigènes et en rapporte des informations sur leurs agissements exotiques et leur étrange accoutrement » (Sontag, 1983, p. 67), c'est cette posture, ce pas de côté que nous avons proposé aux enfants pour rendre exotique ce qui leur est familier et nous « dire », peut-être, ce qu'ils en pensent au travers de ce qui les touche.

Comment les enfants s'emparent-ils de l'appareil photographique et l'utilisent-ils, quand nous les invitons à photographier « tout ce qui leur plait, ce qu'ils aiment, ce qu'ils trouvent intéressant » ? Si « photographier, c'est conférer de l'importance » (Sontag, 2008, p. 49), que peut-on tenter d'inférer à partir des images capturées, en les reliant aux contingences contextuelles des prises et aux particularités de l'acte photographique ? Comment, dans les limites du matériel dont nous disposons, leurs points de vue croisent-ils ceux des professionnelles ? Nous n'avons pas la prétention de pouvoir répondre exhaustivement à ces questions et nous nous limiterons ici à la présentation de quelques caractéristiques saillantes et pistes d'analyse de cette expérience, à la source d'une abondance d'images.

Les séances photos

La démarche que nous avons adoptée, avec nos trois collègues, s'inspire fortement de « l'approche mosaïque » qui, comme le souligne Clark (2003 ; voir son chapitre dans cet ouvrage), n'est pas une méthode rigide et figée, mais ouverte, au sens où elle demande avant tout au chercheur d'être « flexible » et de penser différemment au lieu de « simplifier », comme il est le plus souvent d'usage avec des jeunes enfants. Au niveau déontologique et éthique, nous avons informé les parents de cette expérience, nous nous sommes accordés avec les professionnelles en les associant au travail d'enquête et nous nous sommes adaptés à la spécificité de chaque terrain tout en conservant un cadre d'investigation commun. Nous avons été attentifs aux conduites des enfants de l'ordre du retrait, de l'évitement, de l'esquive et à ce que leur participation doit à la position d'adulte des chercheurs. Sur le plan épistémologique, en nous considérant comme partie prenante de leurs productions, nous nous efforçons, dans cette analyse de ne pas tomber dans le réalisme ou la surinterprétation. Cela oblige à une réflexivité permanente, ayant pensé les enfants *a priori* compétents et recherché les affordances nécessaires, du moins suffisantes, au cours des séances photos pour qu'ils puissent manifester leurs savoirs et savoir-faire.

Ce moment de prises de photographies par les trente-deux enfants a été réalisé dans les conditions propres aux quatre lieux d'accueil, sans aménagement spécial et en s'ajustant aux activités ordinaires[5]. Les

---

[5] Les cinq chercheurs de l'équipe, ont accompagné, en binôme sur les quatre lieux d'enquête, ces moments de prises de photographies et leur élicitation.

conditions sont ainsi très variables d'un lieu à l'autre : aux différences matérielles au niveau des objets, de l'équipement, des espaces, etc. s'ajoutent les différences d'organisation et de gestion des groupes, et les différences selon les moments et les lieux (par exemple, lors de la « récréation » ou de la « sortie », lorsque la cour ou le jardin sont vides ou avec d'autres enfants, sous le soleil ou sous la pluie, etc.). Directement ou indirectement, les photos montrent ces circonstances chaque fois particulières. Enfin, selon les lieux, nous avons donné aux enfants l'occasion de photographier à plusieurs reprises (différentes journées, ou matin et après midi), un premier essai étant suivi d'un second pour faciliter la prise en main de l'appareil. Il en résulte une diversité d'« aventures » (Barthes, 1980) : les enfants photographient des choses différentes d'une fois sur l'autre et d'un lieu à l'autre.

Deux appareils Kidizoom[6] sont apportés à chaque séance. Le dispositif choisi est celui d'un enfant avec appareil en interaction avec un chercheur, tandis qu'un autre chercheur filme l'enfant, en s'effaçant relativement. L'autre appareil photo a pu être donné en autonomie à un autre enfant, en accord avec les professionnelles et sous leur responsabilité, pour prendre en compte la demande des enfants qui n'étaient pas les enfants-cibles.

Après une première photo de l'enfant par un chercheur (« comme ça on est sûr qu'on retrouvera tes photos à toi ») et un très court moment de prise en main de l'appareil, variable selon les enfants, on propose à l'enfant de photographier « ce que tu aimes », « ce qui t'intéresse », « ce que tu as envie » ; on l'incite aussi à aller « partout » (en donnant parfois des exemples de lieux où il/elle peut aller). En cours de situation, les modalités de guidage des chercheurs portent sur la prise en main de l'appareil (par exemple, faire entendre le bruit : déclenchement), consistent en verbalisation de ce qui est photographié, relances et/ou inductions, encouragement, valorisation de l'activité de l'enfant, ou orientent sur l'utilisation de l'espace : aller vers des espaces moins fréquentés par les autres enfants (des restrictions ont pu apparaître, tel l'espace réservé aux professionnelles au jardin maternel).

L'intention est de donner la plus grande liberté possible aux enfants dans leurs essais, en premier lieu par rapport au nombre de photos qu'ils peuvent faire (appareil numérique) et en second lieu en termes de qualité attendue des photos. En effet, une trop grande attente sur la qualité des images (y compris le seul fait de pouvoir en reconnaître l'objet), nous

---

[6] Il s'agit d'une gamme d'appareils photo numérique pour jeunes enfants de 2 mégas pixels, disposant d'une carte mémoire, développée par la société Vtech : http://www. vtech-jouets.com/produits/kidi/kidizoom.html. Il permet ainsi la prise d'un grand nombre de photos par le même enfant et résiste aux chutes. À l'issue de la recherche, chaque lieu a reçu un appareil photo.

aurait conduit à davantage guider les enfants. Si des limites sont mises, ce sont d'abord celles de la situation et des règles en usage dans les lieux d'accueil.

Précisons qu'en situation, nous ne regardons pas avec les enfants les photos prises par eux (un moment d'élicitation[7], de commentaires sur les photos, étant prévu *a posteriori*), ce qui pourrait conduire à une autre dynamique dans les apprentissages des enfants et leur expérience de la situation. Notre intérêt s'est déplacé des photos vers la situation de « prise de photos » et le parcours de l'enfant avec l'appareil photo dans le lieu, à la manière des « visites guidées » dans l'approche mosaïque (Clark & Moss, 2001).

Sollicités à la première personne, les enfants sont placés dans une situation tout à fait inédite : ils nous ont vus les filmer sur plusieurs jours, et parfois photographier les espaces des quatre lieux, et se voient invités à passer de l'autre côté de l'appareil, à développer cette pratique partagée (Wenger, 2005) dans laquelle la plupart d'entre eux a déjà commencé à cheminer dans leur famille. Là où ce sont ordinairement les adultes qui prennent les petits en photos, qu'il s'agisse d'usages familiaux ou artistiques, il y a matière à une « révolution copernicienne » selon Claparède (1951 [1905]), passage du point de vue de l'adulte au point de vue de l'enfant. C'est aussi renverser une relation entre le sujet (photographe) et l'objet (le photographié), par rapport à ce que Sontag qualifie de geste prédateur : « Photographier les gens, c'est les violer, en les voyant comme ils ne se voient jamais eux-mêmes, en ayant d'eux une connaissance que l'on ne peut jamais avoir ; c'est les transformer en chose que l'on peut posséder de façon symbolique » (Sontag, 2008, p. 31).

De fait, mettre dans les mains des jeunes enfants un appareil photo peut transformer nos représentations des classements d'âge et des rapports de pouvoir et de savoir qu'ils véhiculent à travers une culture matérielle (Garnier, 2012). Cet acte signifie aussi créer des affordances qui permettent aux enfants de se créer des prises sur la situation qu'ils vivent dans les lieux d'accueil. C'est mettre à l'épreuve de la réalité leurs véritables compétences au lieu de les pré-juger trop petits pour être partie prenante de notre enquête. Ainsi, l'appareil photo qu'ils ont entre les mains n'est pas un « jouet », au sens d'un objet factice destiné à « faire comme les grands », un jouet pour les imiter, que l'on trouve d'ailleurs dans la classe passerelle ou à la crèche. Même s'il est spécifiquement destiné et adapté aux jeunes enfants, il permet une pratique photographique authentique et sa reconnaissance par les adultes.

---

[7]   L'élicitation photographique est pratiquée en anthropologie et en sociologie visuelle ainsi qu'en ergonomie, (notamment l'élicitation vidéo), pour réaliser des confrontations des acteurs soit avec leur propre action soit avec celle d'autrui.

C'est donc de la photographie, à la fois comme image et comme pratique – avec sa « face visible » et sa « face invisible » (Tisseron, 1996) –, que nous allons traiter quand on a deux-trois ans.

Quand le regard devient voix : du côté des images

De très nombreuses photos ont été prises (par exemple, 924 par les huit enfants de la TPS-PS de l'école maternelle), avec de grandes variations entre enfants qui produisent, comme les adultes, des clichés plus ou moins flous ou nets, bien ou mal cadrés, réalisés de la façon la plus minutieuse à la plus compulsive. Au jardin maternel nous savons que Korina, Sandro ou Claire, par exemple, ou encore Adèle, de la classe passerelle, ont déjà photographié chez eux. C'est également vrai pour les « grands » de la crèche, mais ce n'est pas le cas par exemple pour Naissa, en TPS-PS, peu à l'aise avec cette machine et s'adonnant surtout au plaisir du « clic ».

Parce que les images ne parlent pas d'elles-mêmes (Monzdain, 2003), il s'agit de faire parler les photographies par les chercheurs et les acteurs. À la suite de Barthes, nous analysons les photos selon deux axes. Tout d'abord, du côté des sujets, du « *spectrum* » : les thèmes – que l'on peut rapprocher du « *studium* » –, pour une première approche de ce qui a capté de façon générale le regard, l'intérêt, la sensibilité des jeunes « *operatori* ». Puis, du côté du « *punctum* », celui d'une sélection d'images qui ont particulièrement touché les « *spectatori* », adultes et enfants impliqués dans la recherche.

L'analyse thématique des contenus : la socialisation du point de vue des enfants ?

L'ensemble des photos prises peut être catégorisé par thèmes, comme l'a fait Danic (2005). Dans notre analyse du corpus de photos, la toute première difficulté rencontrée est de faire la part entre les photos exploitables et celles qui n'ont pas de contenu discernable ou qui restent indéchiffrables, y compris à l'aide du visionnement de l'enregistrement vidéo. Toutefois, les enfants nous ont surpris par l'acuité de leur reconnaissance, à partir d'images extrêmement floues ou partielles : ainsi, à la crèche, devant une image orangée indéfinissable, Samia clame aussitôt : « déguisement !» et nous pouvons alors identifier un morceau de tissus madras. Avec leur aide et celle des professionnelles, on peut distribuer les photos dans différentes catégories thématiques qui pourraient tirer parti d'une analyse qualitative plus fine à partir d'indicateurs tels que l'ordre chronologique des clichés, les séries de clichés sur un même sujet, l'angle et la distance entre clichés d'une même série.

Ces découpages du réel tendent à montrer, pour les quatre lieux, des mondes de socialisation qui traduisent schématiquement les curricula dégagés par ailleurs des observations des enfants et des discours des équipes (Garnier *et al.*, 2016), les collections de photos s'organisent autour des principaux agents socialisateurs que sont les pairs, les adultes, le cadre spatial et la culture matérielle.

Les pairs

Les autres enfants sont ainsi des sujets privilégiés. Souvent photographiés en premier, en séries (ainsi des portraits, nombreux, par Mathilde de la classe passerelle), ils sont reconnus illico, même flous, par les preneurs de vue comme par le deuxième enfant avec lequel nous visionnons les clichés : un bout de pull en gros plan ou une chaussure suffit à l'identification d'un enfant donné. Les enfants sont photographiés avec ou sans leur accord, certains venant poser, voire s'imposer, par exemple devant Rachid dans la cour de l'école maternelle (*cf. photo 2*).

Parmi les sujets choisis figurent ceux avec lesquels les photographes ont des affinités particulières : à la crèche, François qui a photographié son copain en premier le nomme joyeusement : « c'est Lucas !!! », ravi de le retrouver sur ses images ; en commentant les photos d'Isabelle, les professionnelles commentent : « c'est son "chéri", comme elle dit ».

Certains photographes choisissent des enfants du même sexe : Johanna ou Sarah prennent une série de filles et de vêtements /chaussures/bottes de filles dans la cour de l'école maternelle, avec une extension des visages à leurs attributs : vêtements rose, violet, bottes et chaussures roses, blanches. Voire de la même couleur de peau, comme Rachid, dans cette même cour, qui produit aussi, avec d'autres enfants, plusieurs clichés des vêtements – avec marques notamment – et chaussures. Les découpages opérés – relevant de tentatives plus ou moins réussies de cadrage – font état des visages, voire de gros plans de parties du visage, la bouche ou le nez par exemple, comme si l'enfant « entrait » dans son sujet.

Si les enfants sont photographiés « en personne », on relève aussi de nombreuses « photos de photos », présentes sur leurs casiers, les affiches, les étiquettes, etc., y compris sa propre photo ou sa photo en compagnie de ses parents, et ce, non seulement dans la classe passerelle où les photos sont omniprésentes, mais aussi dans les autres lieux. Sont également photographiés les objets qui appartiennent aux enfants-photographes ou dont ils sont proches, tels les lits et un oreiller photographiés par Adèle dans le dortoir de la classe passerelle.

Les pairs sont souvent photographiés seuls mais aussi en duos (tels ceux qui viennent poser à deux ou plus, devant l'appareil, dans la cour de l'école maternelle), en petits ou grands groupes, dans les vues panoramiques, indiquant la pluralité des perspectives adoptées par les photographes.

Outre leur personne (corps entier ou parties), c'est aussi l'activité des pairs qui semble le sujet du cliché : seuls, dans les situations proposées dans les quatre lieux (enfant jouant avec une bassine de sable ou lisant un album, à la crèche ; enfant faisant un exercice, un « travail autonome aux tables » en TPS-PS), ou en groupe (écoute d'un album en TPS-PS).

Les adultes

Les adultes sont également très présents sur les clichés : toutes les professionnelles mais aussi les chercheurs (parfois photographiés en premier, comme par Inès à la crèche) et leur attribut principal : la caméra en action, que quasiment tous les enfants prennent en photo. Les professionnelles n'ont fait aucune difficulté pour se laisser photographier et ont parfois attribué une signification au choix des enfants. À propos de Yannis, au jardin maternel, l'une d'elle dit ainsi : « tu vois comme il t'aime : il sort pour prendre ta photo, en gros plan ! », en riant. Certaines, gratifiées par le choix de l'enfant, peuvent poser et, ce faisant, induire d'autres prises. Des détails sont aussi pris en gros plans, tel le grain de beauté sur le cou d'une professionnelle à la crèche, pris par Yannick et Samia.

De même que les pairs, les adultes sont pris seuls (les chercheurs et certaines professionnelles), avec un ou plusieurs enfants, ou avec le groupe. Ils sont également photographiés en action : chercheurs filmant, professionnelles de crèche observant, enseignante lisant dans la TPS/PS, etc.

Les éléments du cadre de vie

Les équipements intérieurs sont fréquemment photographiés dans tous les lieux. Les tables (« on a mangé un gâteau ici », « là, c'est pour manger pour moi ! », commente Yannick, à la crèche ; « il aime beaucoup les jeux à table, le repas, les catalogues », dit l'équipe). « Les chaises ! » (en commentant leurs clichés), celles des enfants, et souvent leurs pieds, mais aussi celles des adultes : « la chaise de Samira (auxiliaire) ! » dit François à la crèche. Le « fauteuil ! », « le tapis ! » et autre « canapé !», au jardin maternel ou à la crèche (avec son fauteuil bleu et sa place stratégique pour l'accueil du matin : « important pour eux… et les parents qui ont le temps s'y assoient », dit l'équipe). Les équipements extérieurs (« toboggan ! ») ou des espaces de transition (la voiture dans le hall d'entrée de la classe passerelle).

Des éléments du sol ont également été beaucoup photographiés : des marelles en entier ou pas (par Elias, Sarah, Johanna), une grille d'égout (par Corentin) dans la cour de l'école, des détails du revêtement aux formes colorées du jardin de la crèche (par Yannick), les tapis de la TPS/PS (Elias en fait de nombreux clichés), le sol de l'entrée de la classe passerelle (par Lenna et Betty).

Des éléments des murs, aussi, avec des affichages (par Harvey, Malicia, Sarah et d'autres) en TPS-PS principalement, là où certains murs sont saturés d'images et surtout d'écrits, mais pas seulement : à la classe passerelle (par Diégo ou Gabriel) aussi, avec des messages moins denses ; le panneau des documents destinés aux adultes y est également pris en photo par Betty et l'affiche annonçant la kermesse par Adèle. Ou au jardin maternel, avec des affiches particulières : « c'est le menu !..., parce que j'avais envie de photographier ça », explique Korina, à côté de nombreux éléments de décoration (stickers d'animaux ou autres, peintures, etc.).

Il y a aussi « les jouets ! » qui varient selon les quatre lieux. Sont photographiés : la « voiture » (surtout par les garçons), « les Lego ! » (*idem*), les « poupées » et « la dînette ! » (surtout par les filles), les « déguisements !», « la ferme des animaux », « le ti train » au milieu de la salle d'accueil à la crèche photographié par Marco : « il aime beaucoup ! », dit l'équipe, etc.

Et bien sûr, « les vélos ! » et autres objets roulants (voitures, draisiennes, etc.), souvent pris dans le jardin, la cour et parfois dans le local à poussettes (jardin maternel et crèche), quand il s'agit d'objets qui leur appartiennent, comme la trottinette de Sandro (voir Garnier, dans cet ouvrage). Certains livres sont photographiés, par exemple par Yannick à la crèche, aidé par une auxiliaire. En classe passerelle, des livres ont été ouverts par certains enfants et pris en photo dans les moindres détails (personnages de l'histoire, par exemple), en tournant les pages. Dans la classe de TPS-PS, c'est l'ensemble du coin livre qui est photographié, ainsi que le matériel pédagogique (ciseaux, par Malicia ; feuilles d'exercice préparées et autres matériels pour le « travail » individuel, par Rachid ; les cahiers et stylos par Sarah ; matériel de peinture de la classe passerelle, par Soufiane).

Les arbres, les feuilles, les troncs sont également présents dans des clichés : « des fleurs, des feuilles et des branches », commente successivement Harvey, à l'école maternelle. Ou la terre, les arbustes et leurs fleurs, pris dans la cour par les enfants de la classe passerelle, notamment Lenna. De là, le vivant animal (invisible sur les photos) qui occupe cette végétation, comme on le verra plus loin, dans l'exemple de François à la crèche.

L'environnement urbain du lieu d'accueil

L'environnement dans lequel s'inscrivent les lieux d'accueil figure aussi sur les clichés, qu'il soit vu directement depuis la cour ou l'intérieur, à travers les vitres. Des photos des immeubles alentours ont été produites dans les quatre lieux, parmi ces paysages urbains : une photo de l'entrée d'école (avec drapeau, grue, etc.) par Harvey, auteur de plusieurs façades d'immeubles. Ces vues sont particulièrement nettes – les bâtiments ne bougent pas…, les photographes non plus. Les professionnelles y voient la maîtrise technique des enfants et la qualité des images qui s'ensuivent : « c'est beau ! », disent en chœur les professionnelles de la crèche devant les photos prises par Samia à travers la fenêtre : « dehors », « dehors, c'est en haut », « le ciel », « ça c'est dehors », « je suis le quartier », commente-t-elle.

L'enfant lui-même et ses objets personnels

Outre son propre corps, on trouve en premier lieu les doudous tel « Gangan », sujet vedette de plusieurs prises de Clément ou d'autres doudous très photographiés au jardin maternel par Claire, Théo ou Mathias. En classe passerelle aussi, les doudous sont pris en photo, mais à leur place, dans les casiers souples suspendus à l'entrée ou encore dans leur « caisse », par Betty. À la crèche (que les enfants fréquentent depuis trois ans), un seul enfant, Marco, photographiera la caisse à doudous, avec le sien.

D'autres effets sont reconnus lors des commentaires/élicitations : « c'est mon sac à dos ! », dit Mathias au jardin maternel. Les objets peuvent être propres à l'enfant ou appartenir au lieu d'accueil mais attribués et marqués avec sa photo (son panier ou son lit). Ce qui est propre à l'enfant, c'est aussi, par exemple, une photo avec sa mère, telle celle de Betty en classe passerelle.

Il y a aussi tout ce qui touche au corps de l'enfant, en particulier les pieds nus ou en chaussures, quand l'appareil est tenu horizontalement. Mathilde, en classe passerelle, a réalisé son autoportrait devant le miroir. Après un ou deux essais pour prendre lui-même son tee-shirt dont il est très fier, Mathias se le fait prendre par un chercheur, au jardin maternel.

Pour conclure provisoirement sur les images

Avec des enfants bien plus jeunes que dans l'étude de Danic (2005), qui a travaillé avec des enfants de six-sept ans, et même si cette étude portait sur l'ensemble de la vie de l'enfant et pas seulement, comme ici, sur sa vie dans le lieu collectif, on retrouve une importance relative des relations entre pairs (38 % des photos) et du cadre quotidien (17 %) comme « centres d'intérêt » des enfants. Danic exprimait sa surprise devant la très faible part des jouets dans son corpus (3 %) : même s'ils paraissent plus présents dans notre étude, ce qu'on pourrait mettre au compte d'un environnement plus riche d'une culture matérielle ludique, variable selon les quatre terrains, ils ne paraissent pas non plus avoir été privilégiés. Bien d'autres sujets ont capté leur regard. Ainsi, à la crèche, dans la pataugeoire si plébiscitée par les enfants au moment des « activités », François n'y photographiera pas les divers jouets présents, mais … un balai et un tuyau !

Il ressort de la catégorisation des images, une conjonction d'une pluralité d'éléments pris en compte par les enfants : les éléments sociali-sateurs que sont les pairs, les adultes et le cadre matériel. Les collections prises dans les quatre lieux révèlent aux yeux du « *spectator* » quatre univers culturels distincts : les images prises par les enfants font écho au continuum dégagé par ailleurs des observations et des discours professionnels, entre une socialisation de type « petite enfance » et une socialisation de type « scolaire », induites par la division du système français entre secteur de l'accueil et celui de l'éducation (Garnier *et al.*, 2016).

Au-delà de ces divers contextes de socialisation, nous pouvons deviner l'attrait commun des enfants pour leurs pairs ou pour la « nature », par exemple, ou encore pour leur environnement et les immeubles alentours où habite une partie assez importante d'enfants et qu'ils mettent en lien, d'un certaine façon, avec leurs lieux de vie collectives par l'acte photographique. Marco, à la crèche, nous montre du doigt son appartement avec force de commentaires au point qu'après avoir visé et s'être interrompu pour en parler, il en oublie de cliquer ! Pour autant, la diversité interindividuelle des prises mérite d'être étudiée plus précisément, pour vérifier la présence éventuelle de telle ou telle « préférence ».

Si les différentes catégories de photos informent de façon macrosco-pique sur la socialisation des enfants dans les quatre lieux, quels sont les rapports entre leur contenu et la question de la qualité et du bien-être ? Quels « points de vue des enfants » peut-on en inférer ? Quelle construction proposer avec leur aide et celle des professionnelles, avec nos propres sensibilités aussi ? Du « *studium* » et des thèmes attendus, passons donc au « *punctum* », au touchant, au surprenant.

Les « surprises » : la qualité du point de vue des enfants ?

C'est, en effet, au niveau du « *punctum* » que la question de la qualité est peut-être à rechercher, du côté du détail, d'une impression, de l'innommable, l'invu, l'insignifiant évoqués au début. Autour de la question du « photographiable » aussi, de ses limites, de l'« insaisissable »[8]. En considérant les effets de surprise provoqués par l'image, les émotions et découvertes qu'elles suscitent, les chocs esthétiques. Pour Barthes, les « surprises » ne sont pas que celles du « *spectator* » car « pour le Photographe, ce sont autant de "performances" », écrit-il, évoquant le « rare », le « geste saisi dans sa course », la « prouesse », les « contorsions de la technique », la « trouvaille ». Il ajoute que « toutes ces surprises obéissent à un principe de défi : « le photographe, tel un acrobate, doit défier les lois du probable ou même du possible » (1987, p. 57-60). Les réactions des enfants, des professionnelles et les nôtres nous amènent à regrouper provisoirement ces « surprises », autour de catégories poreuses, d'axes qui se chevauchent pour partie autour de l'« important », de l'« insaisissable » et de l'« esthétique ».

L'« important »

Avec le passage à l'acte photographique, il y a la dimension heuristique des photos, des étonnements, se traduisant par des découvertes qui amènent les professionnelles à confirmer ou revisiter ce qui est « important » pour les enfants. Ce qui leur saute aux yeux c'est d'abord qu'ils ne sont pas « trop petits » pour faire des photos. Ce préjugé est mis à l'épreuve de la réalité, en même temps que sont interrogées les conditions de ces pratiques photographiques des enfants, en premier lieu l'appareil photo utilisé. C'est ce que souligne, par exemple, la directrice du jardin maternel qui pointe aussi le regard particulier des enfants, leur découpage autre du réel et les significations qu'ils lui attribuent :

Directrice : L'appareil photo, ça a beaucoup intéressé mes collègues ; elles ont posé beaucoup de questions là-dessus…
Chercheur : Dans quel sens ?…
D : Elles étaient d'abord très surprises qu'on puisse faire faire des photos à des enfants de cet âge-là et ensuite elles ne connaissaient pas du tout de matériel adapté à l'âge des enfants, sauf deux mamans qui (…) possédaient cet appareil photo [le même] ; elles ont expliqué et elles en ont dit beaucoup de bien. (…) Elles n'étaient pas trop surprises qu'ils photographient les doudous. Par contre, je leur ai expliqué qu'il y avait des choses auxquelles nous, on ne prêtait pas du tout d'importance, du type la petite statue qui est là [bureau de la directrice], et puis finalement Korina est venue photographier (*cf. photo 3*). Et voilà, ce n'est pas forcément ce qui est important pour nous qui est important pour les enfants. Il y a des détails qui nous échappent complètement.

---

[8] Ce à quoi s'attache nombre de photographes et de plasticiens contemporains tels que Ann Veronica Janssens : « Je m'intéresse à ce qui m'échappe, non pas pour l'arrêter dans son échappée, mais bien au contraire pour expérimenter "l'insaisissable". Il y a peu d'objets dans mon travail. Ce sont des gestes engagés, des pertes de contrôles, revendiqués et offerts comme des expériences actives » (DYNAMO, exposition collective au Grand Palais, 2013).

Qu'on le veuille ou non, photographier confère de l'importance : « il n'y a aucun moyen d'éliminer la tendance inhérente à chaque photographie de valoriser son sujet. Mais la signification de la valeur elle-même peut être modifiée » (Sontag, 2008, p. 49).

Parler d'effet de découverte pour les adultes veut dire ici une attente de quelque chose à découvrir à travers ce que les enfants photographient. C'est aussi penser la photographie comme moyen de s'exprimer et, en même temps, faire fond sur le caractère réaliste des photos pour en tirer des informations. « Les photographies sont des pièces à conviction » (Sontag, 2008, p. 18), elles prétendent rendre compte de la réalité des choses elles-mêmes. Plus profondément encore, elles ne se contentent pas de certifier un vécu, elles donnent au vécu sa réalité. Ce sont du même coup, des pièges à conviction : « Rigoureusement parlant, on ne comprend jamais rien à partir d'une photographie. (…) Seul le mode narratif peut nous permettre de comprendre » (Sontag, 1998, p. 42). Ainsi, pouvons-nous faire toute une histoire des photos prises par les enfants.

De leur côté, les professionnelles de la crèche disent leur étonnement de voir les enfants photographier non pas n'importe quoi mais justement des sujets qu'elles ont repérés comme importants pour chacun d'eux. Quelques uns de leurs commentaires ont été évoqués plus haut (à propos de photos de Yannick et d'Isabelle), en voici d'autres qui corroborent nos observations. Devant les photos de François : « c'est son copain ! » ; « la chaise de l'adulte, c'est important ! » ; (les WC) « en pleine acquisition de la propreté ! ». Ou celles de la caisse à doudous prise par Marco : « c'est très important pour lui », « c'est rituel, tous les matins, avec sa maman, pour le poser là » ; (le bac à animaux) « il aime beaucoup » ; (le bac à voitures) « il aime les voitures » ; (les tricycles) « il aime vraiment beaucoup, il arrive à vélo, il montre son casque jaune ». Ou celles de Mamadou qui commence avec une prise de la terrasse : « il aime beaucoup sortir ». Ou de Lucas avec les Lego : « il adore ! » Et face à la photo d'Isabelle : « ils sont copains : la semaine dernière, il a dit à Isabelle : "viens mon cœur", en l'invitant au coin dînette ». Au-delà de cette attention portée non seulement aux interactions entre enfants, mais aussi à leurs relations, leurs amitiés, les adultes confèrent ainsi de l'importance aux photos prises par les enfants, leur donnent du sens, voire une forme d'évidence, en les liant avec le cours ordinaire de leur vie dans la structure. Mais tout n'est pas aussi limpide, d'autres photos intriguent les équipes comme les chercheurs.

L'« insaisissable »

Par la multi-sensorialité engagée dans l'acte photographique, l'insaisissable peut relever de ce qui échappe à la vision : ce que les enfants aiment et dont ils savent la présence. Esra, dans le jardin de la crèche, soulève la bâche pour photographier le sable (*cf. photo 4*). Ce qui est inattendu, aussi : François, qui a entendu « un pigeon », cherche à le traquer dans les branches, puis « un moustique » qu'il a vu dans un recoin, aux lisières non plastifiées du sol.

Les enfants sont comme « à l'affût » (Barthes, 1980) des objets qui donnent le sentiment d'avoir été oubliés, ainsi des ballons abandonnés que François photographie les uns après les autres dans le jardin de la crèche, ou des outils de jardinage, arrosoir, bassine, tuyau qu'il prend systématiquement (*cf. photo 5*).

L'immatérialité d'une émotion paraît motiver certaines images, comme celles d'objets « insignifiants », « en marge » : un kleenex sous un arbre (pris par Johanna) ou un petit tas mêlant poussières et petits cailloux, un « gâteau », pris par Elias dans la cour de l'école maternelle (*cf. photo 6*), ou un petit bout de papier rouge (par Yaniss) au jardin maternel.

Bien des petits détails, des petits « riens », attisent la curiosité des enfants et font l'objet de nombreux clichés. Si tous les enfants de la crèche, dès qu'ils arrivent dans le jardin, photographient aussitôt leurs vélos, trotteurs et toboggan, très vite ils s'arrêtent sur de l'imprévu, comme les gouttes d'eau que photographie François sur le plastique des équipements, de l'arrosoir, conjuguant aussi photo d'un ballon et de l'eau stagnante sur la bâche du bac à sable.

L'appareil peut saisir aussi les ombres et lumières : les ombres d'Adrien à la classe passerelle ou la série de Johanna à l'école maternelle, et les reflets du soleil sur les cuvettes de sables prises par François à la crèche (« le soleil ! » commentera Esra) offrent autant d'instants à saisir, que les artistes, amateurs photographes traquent, ainsi que les pédagogues des écoles maternelles de Reggio Emilia.

À nos yeux d'adultes, les enfants se jouent des « limites du photographiable » (Arrouye & Guérin, 2013). Nous avons été ainsi très surpris par l'étendue de ce « photographiable » pour ces jeunes enfants qui ne se soumettent peut-être pas encore aux normes de ce qu'il est légitime de prendre. Tout un ensemble de partis pris dont nous n'avons pas (ou plus) conscience ressurgissent quand un tout-petit a un appareil photo dans les mains. C'est en premier lieu interroger ce qui est photographiable, digne d'intérêt ou encore courant d'être pris en photo. Ainsi, les chercheurs peuvent être interrogatifs la première fois que les enfants photographient le sol. Cette réaction initiale est profondément typique du décalage implicite entre nos représentations initiales et ce que font enfants : *a priori* le « sol » n'est pas digne d'intérêt ; il n'y a rien à voir par terre, pas d'objet ou de dessin susceptible de le singulariser, pas d'élément saillant par rapport à un fond (c'est peut-être le « fond », au sens adulte, qui aurait de l'intérêt en soi). Soit encore ces commentaires ironiques et sincères d'un chercheur en voix *off*, saisis par la caméra : « un vieux papier sale, c'est intéressant ! ». Ou encore, toujours en voix *off*, un autre commentaire rapprochant ce que font les enfants des pratiques de « l'art contemporain à la portée des enfants ! ».

Ce qui fait sens ici est le surprenant, l'inattendu, l'incertain (pour nous, « *spectatori* », comme l'enfant « *operator* », au moment de la prise) et qui fait écho tant aux caractéristiques de pédagogies préscolaires qui attirent l'attention internationale, autour et à la suite de Reggio Emilia (Dahlberg, Moss & Pence, 2012) qu'aux compétences professionnelles requises pour travailler avec de jeunes enfants (Urban, 2008 ; Urban *et al.*, 2011). Ne peut-on pas passer de la contingence propre à la photographie (Barthes, 1980) à la contingence dans les lieux d'accueil ? Peut-on, sans sur-interpréter, inférer un point de vue des enfants sur la qualité de ces lieux, qui accorde de l'importance à cet imprévu, ce caché, cet insolite, cette infinité de rencontres et d'« acrobaties » possible de leurs pratiques ? L'imprévu stimule les sens et l'exploration, activant la serendipité, alors même que l'univers des écoles et des structures de la petite enfance françaises s'avère relativement « *clean* », prévisible, policé, aseptisé, comparé à leurs équivalents dans les pays nordiques (Einarsdóttir & Wagner, 2006) ou au Japon (Hoshi-Watanabe, 2005) où les espaces extérieurs peuvent être de véritables terrains d'aventure. Ou encore à Pistoia, pour les espaces intérieurs : une attention particulière est portée non seulement au bien-être des enfants, à leur confort, à la beauté des lieux, mais encore à leur aménagement en de véritables laboratoires pour expérimenter ensemble (Becchi, 2009).

L'esthétique

Ce qui séduit et surprend les professionnelles et les chercheurs est aussi la dimension esthétique de certaines photographies. Les unes sont très précises, comme évoqué plus haut (immeubles voisins ou certains portraits) ou renvoient à des couleurs pures, « à la Yves Klein ou Pierre Soulages » (les enfants étant entrés au plus près de leurs sujets), elles plaisent beaucoup aux adultes (« c'est beau ! »). D'autres sont floues en raison du mouvement[9] au moment de la prise. Les déformations de visages « à la Bacon » sont fréquentes, comme celle des objets et éléments naturels, à l'image des photographies contemporaines de mouvements physiques mais aussi mentaux, avec leurs traînées et transparences.

La piscine à balles prise dans le mouvement de Théo devient le fond d'écran d'ordinateur pour une professionnelle du jardin maternel, non comme « photo d'enfant », « art mineur » mais comme véritable « œuvre

---

[9] « L'unique chose stable c'est le mouvement, partout et toujours » (Jean Tinguely) (exposition Dynamo, Grand-Palais, Paris, 2013.

d'art ». Cela aurait pu être le cas de bien d'autres clichés, tel l'arbre par Soufiane à la classe passerelle (*cf. photo 7*).

À la crèche, l'équipe a du reste pris l'initiative d'une exposition des « belles » photos pour la fête de fin d'année avec les parents. D'une manière plus générale : « La distance esthétique semble inhérente à l'expérience qui consiste à regarder des photos, même si cette distance n'apparaît pas tout de suite, mais seulement et à coup sûr avec le temps » (Sontag, 2008, p. 19).

Le choc esthétique est peu perceptible dans le comportement spontané des enfants au moment de l'élicitation (ainsi Théo, face à sa photo de la piscine à balles). Si la plupart des photos floues ou déformées ne gênent pas la reconnaissance des sujets par les enfants, certaines donnent des « on voit pas très bien », « bof », perplexité et haussement d'épaules pour Isabelle à la crèche, par exemple. Et quand le chercheur parle d'une photo « bizarre », au jardin maternel, parce qu'il ne reconnaît pas ce qui a été pris, Korina enchaîne : « on dirait un serpent qui fait de la lumière » et Baptiste, qui a pris cette photo, commente à son tour : « il a plein de dents », en désignant une partie de la bande lumineuse qui la traverse. La photographie peut être ainsi transfigurée par des imaginaires qui jouent de son rapport à la lumière (Tisseron, 1996).

Ces « belles » photos peuvent aussi être des photos hyper-centrées, « à la Yann Arthus-Bertrand », faisant ressortir une pluralité de formes du réel auxquelles les enfants sont sensibles : rayures, quadrillages (*cf. photo 8*), courbes et motifs divers. Un festival de verticales, d'horizontales, d'obliques, de mises en perspective ... Les adultes sont également sensibles au déchiffrage du réel par les enfants, à leur attrait pour les configurations internes d'éléments « ternes » : évacuation de lavabo, paillasson en plastique, bouche d'égout prise en rapprochés successifs.

À cette dimension esthétique des photographies s'adjoint d'une part la dimension d'utilisation pédagogique ou éducative (chaque terrain a hérité d'un appareil photo pour cet usage) et d'autre part la dimension communicationnelle du dispositif « commentaire des photos » avec les enfants qui intéresse les professionnelles pour de futures pratiques ...

Les pratiques photographiques des enfants

La mise en visibilité de cette « face cachée » de la photographie, par notre dispositif de filmage des enfants à l'œuvre, visait non seulement l'aide à l'identification des sujets des clichés, mais aussi l'analyse des dynamiques participatives de chaque enfant aux séances photos. Aussi, nous nous intéressons aux variations de leur engagement selon les sujets choisis ou qui se sont imposés, pour affiner la question de leurs points de vue sur la socialisation et la qualité de leur lieu d'accueil. Il s'agissait également d'approcher leurs « acrobaties » non plus du point de vue du résultat mais de celui du processus y conduisant, et les modalités de développement de leur « répertoire de pratiques » (Rogoff *et al.*, 2007) photographiques.

Cette dernière question est importante du point de vue méthodologique dans les études incluant les points de vue des enfants et quant à la pertinence du point de vue d'enfants de deux-trois ans. Dans ce qui suit, nous qualifierons rapidement la participation des enfants à la situation de prises de vues et à celle de photo-élicitation. Puis nous examinerons plus précisément leur activité photographique comme apprentissage éminemment culturel.

La participation des enfants

Soulignons d'emblée la diversité des réponses des enfants-photographes : si la participation de quelques enfants est très réduite (mais seule une enfant n'a pas voulu s'approprier l'appareil), d'autres ont pris plus de 300 photos. Pour quelques uns, il a été difficile de clore, comme Yaniss au jardin maternel (« Jusqu'à ce qu'il rentre chez lui le soir, il va pas se lasser », dit une professionnelle) ou Betty, à la classe passerelle :

Betty : Je suis fatiguée (après une quinzaine de minutes intenses).
Chercheur : Tu es fatiguée ? Tu as fait toutes les photos que tu voulais ?
B : Oui.
C : Alors tu me le redonnes, je le donne à un autre enfant après.
B : J'arrête pas.

Entre 0 et 300 photos

Le nombre de photos prises a varié d'un enfant à l'autre pour des raisons contingentes (un rhume, le style d'accompagnement du chercheur ou la prise de pose d'une professionnelle, par exemple), selon le degré de familiarité avec l'appareil et la situation, ou, tout simplement, l'envie du moment. On note aussi des effets d'apprentissage (du matin à l'après midi, d'un jour à l'autre), certains enfants semblant plus impatients de commencer sans passer par un temps de « prise en main » de l'appareil avec le chercheur.

Des variations interindividuelles s'observent également lors du moment de « photo-élicitation » en binôme, à l'aide d'un ordinateur. La plupart des enfants sont très heureux de voir ce qu'ils ont photographié et très concentrés, penchés vers l'écran ou parfois le nez quasi collé dessus, nommant (spontanément ou à notre demande : « et là ? ») et ajoutant des commentaires. Néanmoins, quelques uns se sont montrés moins intéressés : là aussi, les situations étaient différentes d'un lieu à l'autre (par terre, sur une table dans un hall ou dans la salle des enseignants), avec un ou deux chercheurs, et des enfants ont été parfois davantage intéressés par l'ordinateur et la manipulation du clavier. D'ailleurs, l'intérêt pour les images elles-mêmes n'est pas forcément à la hauteur de l'intérêt manifesté dans l'acte photographique, comme Tisseron l'indique : « il est possible d'aimer "appuyer" sur le bouton sans se préoccuper de faire développer les images. Seul importe alors le moment de la prise de vue (…) aucune image n'a besoin d'en témoigner » (1996, p. 171). En outre, toutes les voix n'ont pas pu se faire entendre : à la crèche, plusieurs enfants sont rentrés chez eux plus tôt que prévu et n'ont pas pu participer à ce moment d'élicitation ; ailleurs, certains étaient absents aux différents moments proposés.

Cette première expérimentation laisse néanmoins penser, au vu des photos prises, comme face à leurs expressions verbales (commentaires) et non verbales (sérieuses, enjouées, etc.), qu'elle donne des prises suffisantes à des enfants de cet âge pour parler avec des images : ils peuvent être des acteurs à part entière des recherches les concernant.

Quand les enfants ne « rentrent pas dedans »

Certains enfants sont restés comme collés à l'endroit où les chercheurs leur proposaient de prendre en main l'appareil photo, même après avoir été encouragés : « tu peux aller où tu veux », « tu veux aller dehors ? », etc. La situation nouvelle demandait à l'enfant de s'autoriser à se mettre dans le rôle du photographe, quelques soient ses compétences et l'idée qu'il se faisait de ce qui était attendu par les adultes. Mais au-delà de difficultés techniques de manipulation de l'appareil et d'une définition de la situation par les adultes, c'est l'engagement dans ce que photographier veut dire qui a pu poser problème aux enfants.

Le cas de Sarah (en TPS-PS) est ici remarquable : après avoir pris plaisir à appuyer sur le bouton de l'appareil, elle a été invitée à aller où elle voulait, puis comme elle restait sur place, un chercheur lui a proposé d'aller photographier dans le coin cuisine qui, selon nos observations, l'attirait souvent. Elle s'y est tout de suite rendue avec empressement… pour déposer l'appareil photo sur la table et se mettre à jouer avec la dînette.

Plutôt que prendre des photos de la dînette, Sarah a joué avec, profitant sans doute de cette possibilité supplémentaire de jouer dans cet univers scolaire. Elle s'est ainsi libérée de la contrainte que représentait, semble-t-il, pour elle l'appareil et la prise de photographie, mettant immédiatement en acte ce qui représentait un des centres d'intérêt de sa vie en classe. « Elle ne rentre pas dedans », a alors commenté le chercheur en voix *off*.

C'est dire que la photographie demande de rentrer dans le « cadre » d'un second degré (Goffman, 1991), de s'abstraire d'une familiarité ordinaire avec les lieux. Elle suppose une mise à distance de l'intérêt pratique pour ce qu'on a sous les yeux, pour en faire une « image-objet » (Tisseron, 1996). Cet abandon de l'appareil photo au profit de la dînette dit bien que la prise de photo est à la fois appropriation symbolique d'un monde, « forme de participation », selon Sontag, et déprise de ce monde dans le moment même où il est pris : « Photographier est par essence un acte de non-intervention » (2008, p. 17). C'est dire aussi qu'il n'était pas facile pour tous les enfants de témoigner de ce qui les intéresse et, en même temps, d'en prendre les photos.

Photographier : un apprentissage culturel

Du point de vue des adultes, faire des photos est si simple que cela ne requiert pas d'apprentissage : il suffit de viser et de « savoir appuyer sur un bouton », d'où les difficultés historiques à saisir la photographie comme pratique véritablement artistique. Mais, du point de vue de jeunes enfants, ce qui semble évident pour nous suppose toute une mise en œuvre à la fois motrice, perceptive, spatiale, mentale… qui est éminemment culturelle. Photographier, c'est changer de rapport au monde : le transformer en « scènes » (objets, personnes, etc.) à photographier, découper le monde pour le saisir, développer un « œil photographique ». Tout un répertoire de pratiques est mobilisé dans l'acte photographique. Certaines dimensions majeures ont pu être dégagées : la prise en main de l'appareil, les postures et les gestes de « photographe », la prise du et sur le monde, le reportage.

La prise en main de l'appareil

Quand il s'agit de s'approprier l'objet et la situation et d'endosser le rôle de photographe, tout un ensemble de questions surgit. Comment se comportent les enfants par rapport aux autres (situation de concurrence : « à moi ! »), lorsqu'ils deviennent quelqu'un d'important, un centre d'intérêt des adultes, quand on fait quelque chose d'autre que les activités habituelles du lieu ? Au début, au jardin maternel, des grappes d'enfants suivent le photographe qui s'efforce de les distancer ou, à l'inverse, de les prendre en photo.

Comment l'appareil est-il manipulé, exploré ? Nous observons une diversité de rapports à l'objet avec, par exemple, au jardin maternel, les conduites compulsives d'appui sur le déclencheur de Théo ou, à l'inverse, la grande timidité de Chiara. Il s'agit d'appuyer sur un des deux boutons de déclenchement, de produire des effets, un bruit particulier (C : « ça fait clic ») ou automatiser le geste (position des doigts). Dans les quatre lieux, quelques enfants ont appuyé, par erreur ou en toute connaissance de cause « pour voir », sur un troisième bouton, ajoutant une surimpression de moustaches ou de cornets de glace (fonctions ludiques intégrées dans cet appareil commercialisé comme jouet pour enfants), ou ont utilisé le zoom.

Postures et gestes de « photographe »

Quelles postures adoptent-ils ? Qu'en est-il de l'immobilisation du corps ? (C : « T'as vu, il faut pas trop bouger » ; « quand tu veux faire la photo, tu t'arrêtes bien », « là t'as bougé trop vite, tu attends et là tu peux bouger »). Qu'en est-il de la distance/proximité du sujet visé (C : « t'es pas trop près ? ») ? Si l'immobilité est requise pour obtenir une photo nette et cadrée, le mouvement et le geste préalables sont nécessaires pour trouver le sujet, effectuer le cadrage, choisir la perspective : comme Isabelle et François à la crèche, ou Harwey à l'école maternelle, qui s'accroupissent ou s'agenouillent pour photographier, l'une la poupée vue par en bas, l'autre les pièces de Lego par transparence à travers la boite qui les contient ou les feuilles d'un arbuste dans le jardin (*cf. photo 9*), et le dernier des immeubles dans la cour. Certains immobilisent l'appareil en prenant appui sur un support ou en le posant, comme Lucas, à la crèche, pour photographier un élément à l'intérieur d'une petite maison.

Comment les enfants regardent-ils leurs sujets ? Certains avec et d'autres sans l'appareil. Comment cadrent-ils ? (C : « tu regardes bien au milieu » ; « tu vises, tu appuies »). Certains explorent les positions verticales et horizontales de l'appareil, ainsi Mamadou à la crèche, Qu'en est-il du réglage de la distance entre les yeux et l'appareil, de la prise distale (bras tendus) ou proximale (bras rapprochés du corps) ? À la crèche, Marco prend ses vues en tenant l'appareil devant ses yeux, tandis que Lucas ou Esra le rapprochent du sujet.

Comment se coordonnent la perception, la focalisation du regard et les mouvements du corps ? L'enfant peut expérimenter une relation de cause à effet, comme Soufiane qui tourne sur lui-même debout dans la cour de récréation de la classe passerelle et prend une photo chaque fois qu'il s'arrête, voyant ainsi son champ de visualisation changer. En tout cas, chaque photo témoigne d'un engagement corporel de l'enfant et d'un monde à sa hauteur : « Tout photographe est présent corporellement dans ses images, ne serait-ce que par sa taille qui impose une certaine hauteur à son appareil, et donc à son point de vue. On peut presque deviner la taille d'un photographe en voyant ses photos ! » (Tisseron, 1996, p. 172).

La prise du et sur le monde : voir autrement, penser, agir

Apprendre à photographier, c'est appréhender une autre vision du monde, celle construite avec l'appareil. Par exemple, Yaniss remarque (auto-langage) : « Y a des fleurs là-bas… il est là les fleurs » (le « là » désigne l'appareil photo). En suivant Sontag, photographier c'est apprendre un nouveau code visuel, construire un rapport de savoir et de pouvoir avec le monde, décomposer le monde en une somme d'objets à photographier : « Les images photographiques ne donnent pas tant l'impression d'être des propositions sur le monde, que des morceaux du monde » (Sontag, 2008, p. 17). C'est aussi passer d'une vie en trois dimensions à des représentations à plat, manipulables, transportables. Il faut aussi apprendre que pour photographier, l'appareil doit paradoxalement faire écran, s'intercaler entre soi et l'objet que l'on cherche à prendre, comme le découvre Sandro qui cherche tout d'abord à prendre en photo un objet en le plaçant entre lui et l'appareil (voir le chapitre suivant de Pascale Garnier).

Photographier c'est prendre, constituer un sujet, aussi immatériel ou fugace soit-il. C'est rendre compte d'« un » monde, fractionné de façon sélective par le regard singulier de chaque preneur de vues. Se pose la question de l'intentionnalité de la « prise » de photo : « qu'est-ce que tu choisis de photographier ? » ; « qu'est-ce que tu vois là ? ». Cela souligne peut-être que la possibilité de l'intentionnalité va précisément de pair avec une certaine forme d'aisance dans la manipulation de l'appareil mais aussi l'apprentissage d'un « jeu de langage » (Wittgenstein, 1980), une grammaire du verbe « prendre (en photo) » : « tu veux le prendre en photo ? » ; « Mais là, tu prends le sol ! Qu'est-ce que tu veux prendre en photo ? », intervient un chercheur en voyant une enfant « se battre » avec l'appareil au début de sa prise en main. Si les vidéos réalisées sur les quatre terrains montrent une partie de clichés involontaires (du sol notamment, souvent pris en marchant ou courant vers un lieu ou un objet), la grande majorité des photos est prise délibérément. Parfois aussi il est difficile de trancher tant la frontière entre l'intentionnalité et le fortuit ou le hasard peut être mince et a un caractère interprétatif.

Le sujet peut être montré – Adèle, dans la classe passerelle, pointe le sol avec son doigt avant de le prendre en photo – ou annoncé : « le trou, là bas », dit François dans le jardin de la crèche, avant d'entraîner les chercheurs après les massifs pour photographier, à travers la grille, des travaux en cours. Aussi, toute une gamme de mouvements (courir directement vers la rangée de vélos de l'autre côté du jardin), de gestes et postures pour photographier le toboggan, par exemple, sous toutes les coutures (de l'extérieur, de l'intérieur, en haut, en bas, tel ou tel de ses détails, etc.), rendant compte d'une diversité de perspectives, de caractéristiques et d'actions (prendre une série, une collection, du même sujet, en cadrant progressivement ou en rapprochant), témoignent de cette intentionnalité.

Si l'acte photographique ancre les découpages et prélèvements d'un monde dans la sensibilité et les émotions du photographe face à son sujet, l'activité mentale qui soutient certaines successions des photos montre aussi des préoccupations de type logique, par exemple sur le tout et les parties. Ainsi, dans la TPS/PS, après avoir pris l'enseignante lisant au groupe d'enfants, Malicia photographie l'ATSEM, comme partie prenante de l'événement. Les séries de photos (visages d'enfants, ombres, chaussures, etc.) signent aussi ce mouvement organisateur chez les enfants-photographes pour établir des collections de sujets appartenant à la même catégorie. C'est le cas de Korina, au jardin maternel, qui fait toute une série de photos de boutons des chasses d'eau dans les toilettes. C'est, autre exemple, le cas de Betty qui se déplace dans l'espace regroupement de la classe passerelle pour photographier toutes les photos des enfants sur le sol qui indiquent leurs places sur les banquettes. Une façon d'ordonner le réel dans une « logique en actions » (Sinclair *et al.*, 1982) avant de s'exprimer de façon symbolique par l'activité photographique. Se donne ainsi à voir la série, par Johanna, dans la cour de l'école, de treize ombres du chercheur ou d'elle-même, de l'arbre et des feuilles, ou la série plus importante encore de gouttes d'eau stagnante par François dans le jardin de la crèche ou les flaques par Elias à l'école maternelle.

Ce faisant, photographier, qui implique disponibilité mêlant prise de recul, attitude à l'affût du détail majeur ou ouverture pour se laisser impressionner, saisir par les choses qui appellent à être photographiées, amène aussi l'enfant à intervenir. Intervenir, c'est par exemple aménager la situation, comme Betty à l'école maternelle : « ça c'est quoi ? », dit-elle en rangeant un fruit en plastique dans une corbeille, avant de faire la photo du coin cuisine, ou qui ouvre les livres pour en photographier l'intérieur. Intervenir, c'est aussi vouloir profiter de la situation, comme Korina qui, armée de l'appareil, voudrait bien pénétrer dans l'espace du jardin maternel réservé aux professionnelles (devant le refus de la directrice, la proposition du chercheur sera de photographier la « porte interdite »). Intervenir, c'est aussi apprendre tout un ensemble de conventions sociales, en premier lieu demander ou avoir tacitement l'accord de l'autre (enfant ou adulte) avant de le photographier, voire y être expressément invité quand il prend la « pose » en face du photographe. D'où cette intervention d'un chercheur à l'adresse de Betty : « Ah, si elle veut pas, on peut pas », car Louise manifeste son refus d'être photographiée en détournant la tête, puis en repoussant l'appareil avec sa main.

Le reportage

Les enfants peuvent apparaître tels des reporters parcourant les espaces intérieurs et extérieurs avec un dessein plus ou moins précis. Si certains foncent et sont comme emportés par les déplacements, tel Théo au jardin maternel, le plus souvent il s'agit de mises en projet *a priori* (verbalisé ou non). Ainsi au jardin maternel, Mathias annonce successivement ce qu'il va photographier : les animaux, son doudou, son tee-shirt. Ce projet peut aller de pair avec de possibles retours sur des sujets particulièrement significatifs, comme son copain, dans le cas de François à la crèche, ou de Mathilde en classe passerelle qui annonce à la chercheure avoir une « surprise » pour elle, l'amenant devant l'aquarium où les enfants élèvent des chenilles. La mise en projet peut se faire en cours d'action, méthodiquement, comme Yaniss qui se déplace d'un point à un autre, de proche en proche, en s'arrêtant suffisamment pour prendre la photo. Des attitudes mixtes sont adoptées par certains, comme Korina : foncer vers les « petits cochons » (décoration de la vitre des toilettes) et « les lapins » (décoration de la vitre de séparation des salles), puis se promener dans les toilettes, le local poussettes, le bureau de la directrice. Des reportages-inventaires peuvent se faire en marchant, comme la série des jouets en hauteur, pour Yaniss ou la série des photos au sol, pour Betty. Enfin, le reportage peut se faire moyen d'exploration, comme pour Malicia qui monte dans la classe de moyenne section, au premier étage de l'école maternelle.

Conclusion : ce que la photographie fait à la « qualité » des lieux d'accueil

En observant les enfants on peut affirmer, avec Zola : « vous ne pouvez pas dire que vous avez vu quelque chose à fond si vous n'en avez pas pris une photographie » (cité par Schincariol, 2011, p. 11). Les enfants déploient toute leur attention, leur *agency*, pour produire des images touchant à leur milieu de vie collective, et mettent l'accent sur ses multiples facettes. Bien que notre approche ne relève pas d'une intervention, cette expérience photographique (ainsi que la confrontation des réalités des quatre lieux), fait bouger les représentations quant à ces enfants de deux-trois ans capables, grâce aux affordances du dispositif choisi, de participer comme les autres acteurs de la recherche à la co-production des résultats. Outre les dimensions heuristiques et esthétiques des photographies, c'est toute la dimension pédagogique de ce dispositif qui est mise en valeur aux yeux des professionnelles.

Du côté de la recherche, nous avons vu que, par leur réalisme intrinsèque, les photographies peuvent figurer comme des « pièces à conviction » tout en devant être tenues pour des pièges à conviction, en raison même de leur réalisme et parce qu'elles s'imposent d'elles-mêmes comme importantes et nécessairement signifiantes, même si leur sens est toujours à déchiffrer : « Les photographies, qui ne peuvent rien expliquer par elles-mêmes, sont d'inépuisables incitations à déduire, à spéculer et à fantasmer » (Sontag, 2008, p. 42). Loin de les effacer, comme si les photos témoignaient très directement de la qualité des lieux d'accueil du point de vue propre des enfants, elles exacerbent les enjeux interprétatifs de tout travail de recherche avec les enfants. Réciproquement, le travail avec les enfants, parce qu'il nous fait toucher du doigt tout ce que nous avons tendance à prendre comme des allants de soi, a des effets de loupe et des effets heuristiques sur ce type de méthodologie visuelle.

Du même coup, vouloir qualifier et juger la qualité des lieux d'accueil collectif pour jeunes enfants par et à travers leur activité photographique, c'est nécessairement attribuer à cette notion de qualité, d'une manière indirecte, les dimensions particulières et les tensions qui traversent cette pratique qu'est la photographie. De la même manière que l'on a distingué, à la suite de Barthes (1980), le « *studium* » et le « *punctum* », il y a une dimension irréductiblement « poignante », singulière et esthétique, de la qualité qui dépasse toute définition à caractère général et objectif, et *a fortiori* toute évaluation de la qualité par des normes ou des standards définis *a priori*. De même que les images ne parlent pas, la qualité doit être dite : elle a une dimension fondamentalement relationnelle, interprétative et dialogique, que montrent aussi les entretiens avec les parents et les professionnelles (Garnier *et al.*, 2015, 2016). De même que la photographie n'est pas réductible au visuel ni à une symbolisation verbale, la qualité revêt aussi une dimension de symbolisation sensori-affectivo-motrice, mobilisant l'ensemble de la personne. De la même façon que le photographié se joue sur les limites et l'extension du photographiable, rien ne vient clore par principe la liste de ce qui est susceptible de rentrer en ligne de compte pour définir la qualité. Enfin, si la photographie présente à la fois un caractère figé et fugace, nécessairement situé tout en étant susceptible de s'arracher à la contingence des temps et des espaces, la notion de qualité est également dynamique.

En armant pour ainsi dire les enfants d'un appareil photographique, nous n'avons pas déterminé en quoi consiste la qualité des lieux d'accueil mais grâce à ce changement de cadre, ils nous ont permis de pointer quelques unes des difficultés auxquelles se heurte sa définition et la singularité de leur point de vue.

Références bibliographiques

Arrouye, J. & Guérin, M. (2013). *Le photographiable.* Aix-en-Provence : Université de Provence.

Avedon, R. (2008). Exposition « Richard Avedon. Photographies 1946-2004 ». En ligne : http://www.jeudepaume.org/index.php?page=documen t&idArt=539&idDoc=556.

Barthes, R. (1980). *La Chambre Claire. Note sur la photographie.* Paris : Seuil.

Becchi, E. *et al.* (2009). *La pedagogia dell buon gusto.* Bologna : Il Moulino.

Bourdieu, P., Boltanski, L., Castel, R. & Chamboredon J.-C. (1965). *Un art moyen. Essai sur les usages sociaux de la photographie.* Paris : Éditions de Minuit.

Claparède, E. (1951 [1905]). *Psychologie de l'enfant et pédagogie expérimentale.* Genève : Delachaux et Nieslé.

Clark, A. (2003). The Mosaic approach and research with young children. In V. Lewis, M. Kellet, C. Robinson, S. Fruser & S. Ding (eds.) *The reality of research with children and young people.* London : Sage Publications, p. 157-161.

Clark, A. & Moss, P. (2001). *Listing to the Young children. The Mosaïc approach.* London : National's Children's Bureau.

Dahlberg, G., Moss, P. & Pence, A. (2012). *Au-delà de la qualité de l'accueil et de l'éducation de la petite enfance.* Toulouse : Érès.

Danic, I. (2005). La ville du point de vue des enfants, *VEI Diversité*, 141, p. 33-38.

Einarsdóttir, J. (2005). Playschool in pictures : children's photographs as a research method. *Early Child development and Care*, 175(6), p. 523-541.

Einarsdóttir, J. (2007). Research with children : methodological and ethical challenges. *European Early Childhood Education Journal*, 15(2), p. 197-211.

Einarsdóttir J. & Wagner, J. (eds.) (2006). *Nordic childhoods.* Charlotte N.C. : Information Age Publishing.

Garnier, P. (2012). La culture matérielle enfantine. Catégorisation et performativité des objets, *Strenae*, 4. En ligne : http://strenae.revues.org/761.

Garnier, P., Brougère, G., Rayna, S., Rupin, P. & La Valle, N. (2015). L'accueil des enfants de 2-3 ans. Regards croisés sur une catégorie d'âge dans différents lieux d'accueil collectif, *Politiques sociales et familiales*, 120, p. 7-18.

Garnier, P., Brougère, G., Rayna, S. & Rupin, P. (2016). *À deux ans vivre dans un collectif d'enfants : crèche, école maternelle, classe passerelle, jardin maternel.* Toulouse : Érès.

Garrigues, E. (1996). Voyage à travers les albums de famille, *L'Ethnographe*, 120, p. 21-38.

Goffman, E. (1991). *Les cadres de l'expérience.* Paris : Éditions de Minuit.

Gustavson, T. (2010). *150 ans d'appareils photo. Histoire de la photographie du daguerrotype au numérique.* Paris : Eyrolles.

Hoshi-Watanabe, M. (2005). Jeu et éducation des tout-petits dans les crèches japonaises. In S. Rayna & G. Brougère (dir.) *Jeu et cultures préscolaires.* Lyon : Éditions de l'ENSL.

Jonas, I. (1989). Lire entre les pages de l'album, *Informations Sociales*, « Images de la famille », 4, p. 4-10.

Leenaerts, D. & Roche, D. (2011). *La photographie comme art du silence*, communication à la journée d'étude « Photographie et Indicible » (Université Rennes 2, 12 mai 2011). En ligne : http://phlit.org/press/?p=594.

Mitchell, C. & Reid-Walsh, J. (2002). *Researching Children's popular Culture. The cultural spaces of childhood.* New York : Routledge.

Mondzain, M.P. (2003). *Le commerce des regards*. Paris : Seuil.

Mora, G. & Nori, C. (1983). *Écrit sur l'image. L'été dernier. Manifeste photobiographique*. Bagneux : Édition de l'étoile.

Nadar (G. F. Tournachon, dit) (1857). *Profession de foi du photographe*. En ligne : http://www.creation-photo-site.com/profession-de-foi-photographe.htm.

Presnitzer, G. (2013). *Bill Brandt- L'angle de l'inexploré, l'angle des miroirs sans tain*. En ligne : http://www.espritsnomades.com/artsplastiques/brandt/brandt.html.

Rinaldi, C. (2006). *In dialogue with Reggio Emilia*. London : Routledge.

Rivière, C. A. (2006). Téléphone mobile et photographie : les nouvelles formes de sociabilités visuelles au quotidien, *Sociétés*, 91, p. 119-134.

Rogoff, B., Moore, L., Najafi, B., Dexter, A., Correa-Cavez, M. & Sollis, J. (2007). Développement des répertoires culturels et participation des enfants aux pratiques quotidiennes. In G. Brougère et M. Vandenbroeck (dir.) *Repenser l'éducation des jeunes enfants*. Bruxelles : Peter Lang, p. 103-138.

Sontag, S. (2008). *Sur la photographie*. Paris : Christian Bourgois Éditeur.

Schincariol, A. (2011). L'image rêvée, réalité et simulacre chez Henri Céard, *Textimage*, L'image dans le récit, 4. En ligne : http://www.revue-textimage.com/06_image_recit/schincariol.pdf.

Sinclair, H., Stambak, M., Lézine, I., Rayna, S. & Verba, M. (1982). *Les bébés et les choses. La créativité du développement cognitif*. Paris : P.U.F.

Tisseron, S. (1996). *Le mystère de la chambre claire, photographie et inconscient*, Paris : Flammarion.

Urban, M. (2008). Dealing with uncertainty : challenges and possibilities for the early childhood profession. *European Early Childhood Education Research Journal*, 16 (2), p. 135-152.

Urban, M., Vandenbroeck M. & Peteers J. (2011). *Core-Competence requirements in ealy childhood education and care. A study for the european Commission Directorate*. Universités d'East London et de Gand. En ligne : www.vbjk.be/en.

Walker, R. (1993). Finding the silent voice for the researcher : using photographs in evaluation and research. In M. Schratz (ed.) *Qualitative voices in educational research*. London : Falmer Press.

Waller, T. & Bitou, A. (2011). Research with children : three challenges for participatory research in early childhood, *European Early Childhood Education Research Journal*, 19 (1), p. 5-20.

Wenger, E. (2005). *La théorie des communautés de pratique. Apprentissage, sens et identité*. Sainte Foy : les Presses de l'Université Laval.

Wittgenstein L. (1980). *Grammaire philosophique*. Paris : Gallimard.

Illustrations

Photo 2 : *Des enfants photographiés dans la cour par Rachid*
(école maternelle)

Photo 3 : *La petite statue photographiée par Korina (jardin maternel)*

Photo 4 : *Esra photographie le sable sous la bâche (crèche)*

Photo 5 : *Tuyau et bassine photographiés par François (crèche)*

Photo 6 : *Un « gâteau » photographié par Elias (école maternelle)*

Photo 7 : *L'arbre photographié par Soufiane (classe passerelle)*

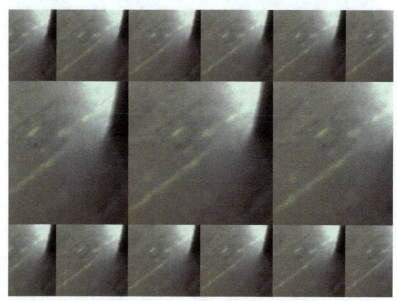

Photo 8 : *Composition photographiée par Malicia (école maternelle)*

Photo 9 : *François s'apprêtant à photographier
les feuilles d'un arbuste (crèche)*

Enfants, parents, professionnelles : regards croisés sur la culture matérielle

Pascale GARNIER[1]

De l'importance des objets dans la vie collective des jeunes enfants

Les lieux d'accueil et d'éducation des jeunes enfants représentent des univers remplis d'objets colorés, de mobiliers à la taille des enfants, de décorations souvent foisonnantes. L'attention est souvent attirée d'abord par les jeux et les jouets qui sont essentiels dans les cultures préscolaires (Brougère & Rayna, 2010), mais aussi les objets typiques de la petite enfance comme les doudous (Gasparini, 2010). Plus largement, ces lieux sont pleins d'une culture matérielle ordinaire, banale, en même temps que d'une extrême diversité et, pour partie, non spécifiquement destinée aux enfants. Les interactions entre les bébés et les choses (Sinclair *et al.*, 1982) ainsi que le rôle des objets et de leurs caractéristiques sur les modalités d'échanges entre jeunes enfants (Stambak *et al.*, 1983 ; Legendre, 1987 ; Musatti & Mayer, 2011) ont depuis longtemps fait l'objet de travaux en psychologie du développement. En revanche, rares sont les recherches en sciences sociales qui rendent compte des rapports entre culture matérielle et petite enfance. Centrées sur les adultes, elles passent à côté des tout premiers apprentissages d'une vie en collectivité par les enfants eux-mêmes. Elles oublient de se placer à hauteur d'enfants, de prendre en considération leurs points de vue.

Qu'est-ce qui se joue pour les enfants dans ces lieux d'accueil et d'éducation ? Comment s'y construit un collectif d'enfants ? Quelle est la part faite à la singularité de chacun dans ce collectif ? En quoi et comment cette vie en collectivité diffère-t-elle de leur vie familiale ? Pour répondre à ces questions, nous avons privilégié l'analyse de la culture matérielle de ces univers de la petite enfance. En tant qu'elle fait lien entre les personnes, la culture matérielle permet de construire un monde commun, de manière largement non-verbale : « Bref, les objets et les actions matérielles contribuent d'une manière singulière et irremplaçable au partage d'un univers de pensées et de façons d'agir » (Lemonier,

---

[1]   Professeure en sciences de l'éducation, université Paris 13 Sorbonne Paris Cité.

2013, p. 21). L'analyse de la culture matérielle permet ainsi de mettre en exergue ce qui est peu visible des primes socialisations, avec ce qu'elles supposent à la fois de ruptures et de tissages entre leur vie familiale et leur vie en collectivité. Et, pour l'appréhender, nous croiserons les regards que lui portent les jeunes enfants eux-mêmes, leurs parents et les professionnelles de ces lieux.

Nous présenterons tout d'abord le positionnement théorique d'une analyse de cette culture matérielle, puis la méthodologie d'un travail par cas, issu d'une enquête plus large sur la socialisation d'enfants de deux-trois ans dans divers collectifs d'enfants (Garnier *et al.*, 2016). Nous analyserons ensuite une série de six objets marquant le déroulé d'une journée de Sandro, un enfant de trois ans, dans la structure qu'il fréquente.

En effet, pour analyser cette culturelle matérielle, il ne s'agit pas de faire un inventaire des objets en dehors des situations où ils sont mobilisés. Pas plus, l'objectif ne peut se limiter aux manières dont les objets sont utilisés par les professionnelles. Il s'agit de comprendre comment ces objets participent d'un parcours de socialisation de l'enfant en s'efforçant de se situer de son point de vue, à travers les objets qu'il a photographiés, tout en croisant son regard avec celui des professionnelles et de ses parents. Ce texte se propose ainsi de prolonger le chapitre précédent sur les enfants photographes en montrant, pour un seul enfant, les liens entre son activité de photographe, sa vie dans une structure petite enfance telle que nous avons pu l'observer, et ce qu'en disent ses parents et les professionnelles qui l'accueillent au jardin maternel.

Les objets de la petite enfance : une socialisation matérielle

La culture matérielle est un élément central de la socialisation de l'enfant où se nouent à la fois les interactions entre enfants et entre enfants et adultes, parents et professionnelles (Garnier, 2000). Les objets sont des supports à l'activité individuelle en même temps que des supports à la coordination des actions entre les personnes. Vecteurs de construction d'un entre-enfants et d'une culture enfantine (Corsaro, 2011 ; Delalande, 2001), ils sont aussi les vecteurs des interactions entre enfants et adultes, notamment entre parents et enfants. C'est ce que montre l'analyse des objets de l'enfant dans l'espace familial (Dauphragne *et al.*, 2012) ou l'étude des transformations, à mesure que l'enfant grandit, des soins de la toilette et de la fabrication d'un corps intime (Diaso, 2012). L'investigation des espaces domestiques du point de vue des enfants et de leurs parents permet alors d'analyser comment se jouent des transmissions, des conflits ou des négociations au sein des familles.

L'intérêt de ces travaux sur la culture matérielle est de montrer l'importance des objets dans l'action et dans la coordination des actions collectives (Conein *et al.*, 1993). Ainsi, tout un ensemble de recherches insiste sur des processus d'incorporation et de subjectivation à l'œuvre dans les rapports entre sujets et objets, où l'importance accordée à la matérialité des objets va de pair avec une valorisation du corps et des conduites motrices (Julien & Warnier, 1999 ; Julien & Rosselin, 2005). C'est, plus largement, toute une anthropologie des techniques qui a été déployée à partir des travaux pionniers de Mauss (1985) sur les « techniques du corps ». D'une autre manière, l'importance d'une culture matérielle a été soulignée dans les travaux anglo-saxons en mettant l'accent sur les usages pratiques des biens de consommation et, tout spécialement, leur appropriation singulière et contextualisée (Bromberger & Ségalen, 1996). Mais, y compris dans la tradition des *cultural material studies* anglophones, les travaux sur la culture matérielle enfantine restent rares comme le souligne Brooksham (2009). Pourtant, cette approche peut mettre en lumière une « humilité » des choses, la manière dont les objets véhiculent une idéologie aussi puissante qu'inaperçue et dont ils « font » les personnes dès l'enfance : « Les objets ne crient pas après vous et ne vous jettent pas des craies comme mes professeurs le faisaient, mais ils vous aident gentiment à vous conduire de manière appropriée » (Miller, 2010, p. 53, notre traduction). Rendre visibles des objets ordinairement silencieux et transparents, donne à penser aux agencements tacites de la vie quotidienne, aux ajustements d'un sens pratique, à une « complicité ontologique » entre une histoire « incorporée » par les personnes et une « histoire objectivée » ou « réifiée », faite choses (Bourdieu, 1980, p. 6).

Toutes ces approches de la culture matérielle montrent qu'il est indispensable de s'interroger sur ce que les objets font aux personnes et pas seulement sur ce que les personnes font avec les objets. Cette idée de réciprocité est essentielle si on s'accorde avec Latour (2010) pour faire des objets de véritables « actants », avec Miller (2010) pour leur donner une puissance d'agir ou encore avec Lemonier (2013) pour penser leur *agency* dans la construction d'un vivre ensemble.

Ainsi, une entrée par les objets est indispensable pour étudier la formation d'un collectif de jeunes enfants et la façon dont chacun y participe de manière singulière. Elle donne à penser la matérialité des objets et les conduites motrices qu'ils suscitent, mais aussi les représentations des jeunes enfants qu'ils véhiculent et, dans une certaine mesure, qu'ils performent. Mais comment savoir quels sont les objets qui sont importants pour les jeunes enfants, si ce n'est en étant à leur écoute ? La prise en compte de leur propre point de vue, matérialisé par la prise de photographies, est essentielle, à la fois en tant qu'experts de leur propre vie et véritables interlocuteurs des chercheurs.

Méthodologie d'un travail par cas

Pour étudier une culture matérielle pour ainsi dire vivante et agissante, prise dans l'action en même temps que guidant l'action, le parti pris méthodologique est ici celui d'une étude qualitative, réalisée à partir de l'analyse d'un seul enfant, Sandro, dans un jardin maternel. Penser par cas, raisonner à partir de singularités, représente « un moment d'une élaboration théorique en construction » et pose la question de l'interprétation (Passeron & Revel, 2005, p. 20). Si elle présente l'avantage de rester au plus près des détails des situations (Piette, 1996), cette démarche permet aussi de conjuguer l'interprétation du chercheur avec les voix des acteurs de première ligne des lieux d'accueil et d'éducation des jeunes enfants que sont les professionnelles, les parents et les enfants eux-mêmes. Ce choix méthodologique met ainsi en valeur la dimension dialogique et polyphonique des interprétations, s'agissant de croiser leurs différents regards portés sur les objets et leurs usages. Du même coup, notre analyse n'est pas seulement contextuelle, dépendante d'une situation locale, elle est aussi profondément « située », au sens de Haraway (2007) : elle cherche à mettre en évidence des savoirs encorporés, donnés par les visions toujours partielles, circonscrites et localisables, des acteurs et du chercheur. D'où l'importance qu'il faut ici donner aux méthodologies visuelles comme outils de mise en visibilité et support d'interprétations croisées d'une culture matérielle.

Parmi les autres établissements de notre enquête (voir le chapitre précédent de Sylvie Rayna et Pascale Garnier), le jardin maternel a été choisi ici parce qu'il représente la première année de vie en collectivité des enfants. L'équipe de cette structure municipale parisienne qui accueille 30 enfants de deux à trois ans pour une seule année est constituée d'une directrice, de deux éducatrices de jeunes enfants, de quatre auxiliaires de puériculture à temps plein et une à temps partiel. Avec l'accord des autorités institutionnelles, nous avons bénéficié de la collaboration des professionnelles et de leur soutien pour toutes les autorisations nécessaires au travail d'enquête auprès des enfants et de leurs parents.

Comme pour les autres terrains, le travail d'investigation au jardin maternel a comporté quatre phases successives entre février 2013 et avril 2014. Nous avons tout d'abord observé la vie collective, l'organisation des modalités de participation des enfants, des interactions entre eux et avec les adultes, à travers le parcours de huit enfants durant une journée. La journée d'un enfant par structure a été filmée dans son intégralité, les autres l'ont été en partie, en complément de la prise de notes. Dans un deuxième temps, nous avons expérimenté une approche du point de vue des enfants, en leur proposant de prendre les photos de leur choix dans les lieux, tout en les filmant grâce à l'appui d'un second chercheur, puis en les invitant à réagir devant les photos qu'ils avaient prises[2]. Dans un troisième temps, nous avons réalisé des entretiens avec les parents, en utilisant le support d'un montage vidéo d'une quinzaine de minutes, extrait du filmage, montrant des moments de la journée de leur enfant dans la structure. Enfin, nous avons réalisé des entretiens collectifs avec les professionnelles à l'aide d'autres montages vidéo d'une quinzaine de minutes du déroulé d'une journée de la vie des enfants, extrait des films, d'abord relatif à leur propre structure (avec les enfants-cibles observés), puis aux trois autres structures.

L'analyse du matériel d'enquête croise ainsi les points de vue de Sandro, de ses parents et des professionnelles du jardin maternel, à partir de l'observation de la journée de l'enfant, en s'inspirant de l'approche mosaïque développée par Clark et Moss (2001) pour définir de manière dialogique la qualité des structures préscolaires. Il s'agit donc ici de construire une sorte de puzzle composé des différents matériaux qui ont été recueillis à des moments successifs du travail d'enquête : un matériel visuel (des photos prises par l'enfant, les films de la journée observée et de sa prise de photo), ainsi que les propos de ses parents et des professionnelles.

Nous avons choisi ici de centrer le regard sur un seul enfant, en prêtant attention à des objets qui font saillance dans le déroulé de sa journée. Le choix de Sandro, qui vient d'avoir trois ans, parmi les autres enfants tient aux difficultés initiales de l'enfant à s'intégrer dans la vie collective du jardin maternel, dont il sera question plus loin. Des éléments propres à sa situation familiale motivent également ce choix dans la mesure où ses parents italiens sont arrivés en France récemment. Avec l'intégration de Sandro au jardin maternel, se jouent ainsi des échanges interculturels plus larges qui, du même coup, peuvent être mis en lumière. Parce que cette « intégration » initiale de Sandro au jardin maternel est apparue moins facile que pour d'autres enfants, ce choix permet d'éclairer les routines d'une vie en collectivité qui peuvent passer inaperçues tant elles vont de soi.

Il faut en outre souligner que Sandro a déjà expérimenté la pratique photographique dans le cadre familial. Il manifeste d'emblée son

---

[2] Sur cette phase du travail d'enquête, voir le chapitre de Sylvie Rayna et Pascale Garnier dans cet ouvrage. Notons que, absent lors des moments consacrés aux commentaires des photos, Sandro n'a pas eu l'occasion de commenter les siennes. Il a pris près de 60 photos pendant la vingtaine de minutes qu'a duré son activité de photographe. L'ensemble du travail d'enquête avec Sandro, ses parents et les professionnelles a été réalisé par moi-même, attentive à lui montrer d'abord la caméra, aux échanges, le plus souvent de regards, au cours de la journée d'observation, puis à le suivre dans son activité de photographe, moyen pour lui de renverser la situation observatrice/observé.

impatience de prendre l'appareil : « à moi ! ». Et en attendant son tour, il suit en partie Korina qui le précède dans cette activité, comme pour guetter le moment où il pourra s'en emparer. Après ses toutes premières prises de photos, il regarde l'appareil en disant : « ça, c'est à la maison aussi », très rare moment où il verbalise son activité de photographe, comme pour expliquer une familiarité avec ce type d'objet qu'il met d'emblée au service de ses projets. Ses parents le confirmeront : leur fils a déjà pris des photos avec leur téléphone et ils pensent à lui acheter un « petit appareil ». Sa mère témoignera aussi de l'importance de ce moment de prise de photo au jardin maternel pour Sandro qui lui en a parlé à la fin de la journée.

Choix des objets et mise en dialogue des significations

Notre analyse se focalise sur un tout petit nombre d'objets parmi tous ceux qui, comme les cailloux du petit Poucet, jalonnent la journée de Sandro au jardin maternel. Les objets choisis ne sont pas là, attendant que le chercheur les découvre. Ils sont d'abord pointés par les acteurs, l'enfant lui-même qui les utilise, ses parents, les professionnelles et ils sont mis en lumière à travers la production de l'ensemble du matériel d'enquête : notes de terrain et film sur le déroulé de la journée, photos prises par Sandro et film de son activité de photographe, entretien avec sa mère et son père, propos des professionnelles en entretien collectif ou en discussion informelle. Tous ces objets sont ainsi des nœuds dans un réseau de significations croisées, co-construits avec les acteurs grâce aux techniques de visualisation utilisées lors du travail d'enquête (caméra, appareil photo).

Nul doute que les objets que l'enquête rend ainsi visibles ne sont pas tous particuliers à Sandro et à cette journée ; ils ont aussi une forme de généralité qui tient à la récurrence du type de situation dans lesquels ils sont mobilisés par les enfants du jardin maternel et c'est sans doute en cela qu'ils rendent compte de l'importance d'une culture matérielle pour comprendre une trajectoire de socialisation dans un lieu d'accueil collectif. Nous présenterons ces objets en suivant le déroulé de la journée de Sandro telle que nous l'avons observée et filmée : depuis son arrivée au jardin maternel, accompagné par son père, jusqu'au temps de jeu dans la cour avant l'arrivée de sa mère en fin d'après midi.

L'importance des autres enfants : arbre à photos et prise de photos

Le jour de notre observation, c'est le père qui accompagne Sandro, avec son doudou, au jardin maternel ; il salue les professionnelles et rappelle à Sandro le rituel de l'arrivée : mettre sa photo avec son prénom sur le panneau d'un arbre qui représente le jardin maternel. Placé sur un petit meuble en hauteur à proximité de l'entrée, le panneau de l'arbre à photos permet à chaque enfant d'accrocher sa photo, avec l'aide de la personne qui l'accompagne. Un bisou, puis Sandro est déjà parti vers la piscine à balles quand son père fait un dernier signe de la main, à l'extérieur de la salle, à travers la vitre. D'emblée, l'arbre à photos des enfants du jardin maternel matérialise un « collectif d'enfants » qui passe du virtuel au réel à mesure que les enfants y ajoutent leur photo. Il projette la place de chaque enfant au sein du jardin maternel : mettre sa photo représente une manière de dire « je suis là », comme une signature et un acte de présence. Comme Sandro, chaque enfant peut toujours trouver une place dans l'arbre, y compris quand il arrive l'un des derniers, comme c'est le cas ce jour-là. D'ailleurs, certains enfants en fin d'année cherchent expressément « leur » place dans l'arbre et/ou une place particulière à côté d'autres photos d'enfants dont ils recherchent la proximité.

Ce dispositif fait partie du projet du jardin maternel : « C'est aussi une manière symbolique de vivre sa situation d'individu au sein du groupe et signe d'appartenance à la structure. Sur ce panneau l'enfant voit l'ensemble du groupe exister, il se l'approprie peu à peu, de même que ses parents ». Pour les professionnelles, il s'agit à la fois pour chaque enfant de « trouver sa place » au jardin maternel et de favoriser une « homogénéité de groupe ». L'arbre à photos représente un dispositif de rassemblement d'une collection des photos individuelles de tous les enfants, mais aussi un dispositif de totalisation de l'ensemble des enfants « du » jardin maternel comme un « tout » qui dépasse la somme de ses parties.

Pour les parents de Sandro, l'arbre à photos du jardin maternel symbolise aussi un lieu spécial pour les « enfants du même âge », un lieu qui lui permet d'« être avec les autres ». Comme pour la plupart des parents, les lieux d'accueil des jeunes enfants représentent à leurs yeux un espace privilégié pour la socialisation de l'enfant (Garnier, 2015a). C'est aussi un lieu où, explique sa mère, il va apprendre à « être plus enfant » : « parce qu'il [quand il] va être avec moi à la maison, il va faire des trucs des plus grands ». Là où la vie familiale favorise une sorte de mélange des âges, le jardin maternel apparaît ici comme le lieu spécifique pour exercer un « métier d'enfant » (Chamboredon & Prévot, 1973), un lieu qui performe ce qu'être enfant veut dire. Il est aussi un lieu d'institutionnalisation de la petite enfance comme âge particulier et un lieu d'institution des différences entre « enfants » et « adultes » (Garnier, 1995).

Mais si l'arbre à photos est largement valorisé par les professionnelles du jardin maternel et reconnu par ses parents, il n'a pas été photographié par Sandro. En revanche, celui-ci a directement pris en photo toute une collection de garçons et de filles du jardin maternel, souvent de très près. La photo du visage de Théo, par exemple, ne montre que ses joues, sa bouche et son nez, tant Sandro s'est rapproché de lui, leur visage touchant presque simultanément l'appareil (*cf. photo 10*).

Comme les autres enfants, ce sont ses pairs que Sandro choisit de photographier en priorité. La recherche du « visage » comme matière photographique canonique, va ici de pair avec le souci d'être en contact étroit avec les autres, au point de les embrasser avec l'appareil. La proximité physique du photographe redouble ce qui peut s'entendre comme une emprise sur l'autre : « Toute l'histoire de la photographie est parcourue par cette conviction d'une retenue de l'être dans son image. (…), la photographie alimente la conviction de pouvoir capturer et emprisonner quelque chose de ses modèles » (Tisseron, 1996, p. 124)[3].

Pris en photo par Sandro, Théo est sans doute un de ses copains privilégiés, comme le montre le déroulé de la journée observée où les deux enfants jouent ensemble à plusieurs reprises, par exemple à cache-cache dans et autour d'un bloc de mousse en forme de tunnel, ou à l'extérieur dans la cour. C'est aussi le cas de Korina qui, de son côté, commente une photo qu'elle a prise de Sandro en disant : « c'est mon copain » ; c'est « sa chérie », souligne à son tour sa mère face au montage audiovisuel de la journée observée. Ou encore de Baptiste, pris également en photo par Sandro qui le reconnaît immédiatement dans une photo qui montre seulement ses chaussures, au grand étonnement des chercheurs.

Au-delà de ces trois enfants avec lesquels Sandro semble entretenir des relations privilégiées et mutuelles, il s'est comme appliqué à prendre en photo, un par un, plus d'une quinzaine d'enfants, s'y prenant à deux reprises, d'abord à l'intérieur du jardin maternel, puis à travers la vitre de l'extérieur. Il réalise comme un album de famille des enfants du jardin maternel, met en scène un « sentiment d'appartenance à un même ensemble », renvoyant à « la capacité de la photographie à proposer une intégration imaginaire à un groupe de référence vécu comme une enveloppe protectrice » (Tisseron, 1996, p. 124). Certains enfants ont été expressément sollicités par Sandro et d'autres l'ont invité à prendre leur photo ou se sont laissés faire. Seuls deux enfants ont explicitement refusé de « poser » devant lui, en l'écartant de la main, et il a cherché à les prendre quand même, en leur courant après, y compris quand nous lui avons demandé de ne pas insister en cas de refus. Bien plus que les

---

[3]   Tisseron rapporte que selon Nadar, Balzac croyait que « toute photographie prélevait l'une des couches superposées dont serait fait l'être humain » (1996, p. 124) et qu'il refusait donc de se faire photographier ; refus aujourd'hui encore largement partagé selon les conceptions culturelles et religieuses de la personne humaine.

adultes (trois professionnelles et les deux chercheurs photographiés une fois chacun), les autres enfants semblent représenter la substance première de sa vie au jardin maternel qui transparaît dans ses photos.

Peut être parce que moins directement accessible ou trop abstrait, trop désincarné, l'arbre à photos n'est pas photographié par Sandro. Il semble avoir moins de sens que l'immédiateté de la présence des autres enfants dans la situation qu'il vit. L'appareil photo en main, il paraît être pleinement affecté par cette proximité, comme s'il voulait, un enfant après l'autre, prendre en compte tous les enfants du jardin maternel. Par sa pratique photographique, il crée lui-même un dispositif de rassemblement des enfants. Dans ce sens, si les photos elles-mêmes témoignent d'un tissu de relations qui existent déjà entre Sandro et les autres enfants, la prise de photos participe à son tour de toutes les interactions sociales entre pairs qu'il tisse au jardin maternel. L'appareil photo devient ainsi lui-même partie d'une culture matérielle qui à la fois garde la trace de relations sociales existantes et contribue à construire un collectif d'enfants pleinement incarné par leur présence.

Singularité d'un « micro », singularité de Sandro

En milieu de matinée, une professionnelle improvise un moment de chant, auquel se joint une collègue, en s'accompagnant d'un djembé. L'activité fait pour ainsi dire « boule de neige », en attirant un nombre croissant d'enfants, dont Sandro qui se montre immédiatement intéressé. L'enfant danse et tape des mains, puis fait plusieurs aller-retour en courant dans l'autre grande salle et en revient finalement avec deux « micros » (chacun est fait de deux blocs de construction magnétique, l'un cylindrique et l'autre sphérique), pour chanter, comme il l'a déjà fait auparavant. Les professionnelles reconnaissent et valorisent une pratique habituelle : l'une d'elle prend un des deux « micros » apporté par Sandro et chante devant. En s'intégrant à son activité, elle joue avec lui ; les objets passent de main en main. L'activité de la professionnelle s'accompagne ainsi de sa participation à l'activité que Sandro lui-même a initiée. Non seulement le détournement symbolique des objets est autorisé mais, au-delà, la professionnelle met en valeur son initiative en reprenant à son compte la feintise ludique. Elle empêche un autre enfant qui essaie de s'emparer du micro tenu par Sandro : « Non, c'est Sandro qui a été cherché les micros ». Son attachement à ces objets est tout particulièrement marqué lors de la séance de prise de photo : Sandro ira chercher un « micro » pour le photographier. N'ayant sans doute jamais photographié un objet qu'il tient dans sa main, il cherchera d'ailleurs à le placer entre lui et l'appareil photo (*cf. photo 11*), avant que la chercheure ne l'aide à le placer derrière l'appareil pour qu'il soit vu sur l'écran. C'est dire l'importance qu'accorde Sandro à cet objet. Il ne le photographie pas au passage, au fil de son déplacement dans le jardin maternel : il le choisit tel un modèle privilégié pour ses prises de photos.

Par leur assemblage, ces deux éléments d'un jeu de construction deviennent ainsi un « micro ». Cet assemblage permet de singulariser ces objets *a priori* anonymes, de les lier étroitement à Sandro, alors que par principe, ils sont communs à tous les enfants. En effet, par la répétition de ce détournement symbolique des objets en « micro » par Sandro, il s'est créé un lien d'attachement durable entre l'enfant et les objets qui est remarqué par les professionnelles. Du même coup, l'objet « micro » contribue à le singulariser, comme quelque chose qui lui est propre et original, Sandro étant le seul enfant du jardin maternel à faire cela.

Grâce et à travers les objets se cristallise une singularité de l'enfant qui les utilise, c'est-à-dire toute une construction sociale d'une « identité » singulière de l'enfant, comme individu différent de tous les autres. Les objets ne se contentent pas de s'accorder à des goûts ou une « personnalité » de l'enfant déjà là, ils la performent à travers le regard des autres, enfants et adultes. C'est vrai au premier chef des objets dits « personnels » des enfants (vêtements, doudou…), mais cela est également le cas pour des objets en principe destinés à tous les enfants du jardin maternel et qui, par un processus itératif d'appropriation, en viennent à performer un attachement particulier à tel ou tel enfant, comme c'est le cas du « micro ». Mais, ce n'est pas le seul attachement de l'enfant et de l'objet qui permet de mettre en valeur Sandro comme sujet singulier. Il faut encore que d'autres, enfants et adultes (professionnelles et parents), reconnaissent cet attachement comme tel.

En effet, en contrepoint, les parents réagissent à cette séquence filmée en faisant le lien avec des pratiques dans le cadre familial et l'attachement que manifeste Sandro pour les « micros », comme il en voit à la télévision. D'ailleurs, ajoutent-ils, l'enfant leur a demandé un « vrai micro ». L'entretien avec les parents témoigne d'un tissage très fort et très dense entre les pratiques à la maison et celles au jardin maternel, entre ce qu'en dit l'enfant et ce qu'en disent les professionnelles. Ce tissage contribue à attribuer à Sandro des traits de caractère stables, qu'il soit à la maison ou au jardin maternel, une personnalité qui aime bien « faire le spectacle », selon les mots des professionnelles. Attiré par le jeu de Sandro avec le « micro », le regard des adultes participe pleinement à cette construction identitaire. À travers cet épisode du « micro », on peut dire que les objets sont bien des marqueurs d'une subjectivité, marquage qui tient à la fois à une appropriation personnelle de l'objet par l'enfant et au regard des autres : enfants, professionnelles, parents, sans oublier la chercheure qui a également relevé cet épisode.

Trottinette, moto, toboggan… : des objets qui font sens pour bouger

Tous les objets personnels des enfants sont très manifestement des marqueurs d'âge : les doudous, les tétines ou encore les couches, signifient des attributs des « bébés » qui permettent de faire « bébé », à travers des processus de co-catégorisation des objets et des enfants (Garnier, 2012). Précisément, Sandro, âgé de trois ans et un mois au moment de notre observation, n'a plus ni couche, ni tétine, et son doudou est resté toute la journée dans son casier personnel, à l'exception du moment de la sieste. Il ne vient plus en poussette mais est le seul enfant à prendre une trottinette, objet qui détonne dans le local poussettes et marque son « grandissement ». Sa trottinette est d'ailleurs le premier objet qu'il choisit de photographier en allant directement dans ce local. Outre celle-ci, la majeure partie des objets pris en photo par Sandro est liée à ses activités motrices. Après avoir photographié ses objets personnels et de nombreux enfants, Sandro nous sollicite pour aller dans la cour. Il y photographie successivement de nombreux engins roulants qu'il utilise quotidiennement, comme une « moto » (vélo à marcher, *cf. photo 12*), un tricycle, une voiture, une trottinette, mais aussi, des objets plus inhabituels, comme les planches qui serviront de poutre basse installée ce jour-là pour un parcours d'équilibre.

Le toboggan est photographié par Sandro à plusieurs reprises, y compris l'espace sous son escalier, et le sol de la cour elle-même. Du point de vue des professionnelles, le toboggan représente par sa hauteur un risque pour les enfants, notamment en cas d'accrochage entre eux, et l'on voit le plus souvent l'une d'elles de rapprocher quand un enfant commence à y monter. Qu'il s'agisse de surveiller un enfant ou de l'encourager, la perception du danger potentiel que représentent les objets est bien relative à la fois à un système de valeurs et de représentations du corps des enfants (Burke & Duncan, 2015).

L'intérêt manifesté par Sandro pour ces objets liés au mouvement s'accorde avec nos observations : qu'il s'agisse de ce moment de prise de photo ou tout au long de la journée, on remarque l'importance du « bouger » pour l'enfant, sa mobilité quasi permanente que permet d'ailleurs l'architecture du jardin maternel et l'utilisation de l'espace extérieur à deux reprises dans la journée. Sans doute, les rappels à l'ordre sont nombreux à l'intérieur : « on ne court pas ! ». Mais les professionnelles laissent largement aux enfants le soin de choisir leurs activités, les moments où ils peuvent choisir de bouger ou de s'immobiliser, à l'exception des temps de sieste et du repas. Bouger ce n'est pas seulement dépenser des calories, c'est véritablement s'approprier les lieux, tisser des relations entre les personnes, prendre possession de l'espace, tout en développant une connaissance du corps propre liant intimement perceptions et actions. Le rôle des objets est ici irremplaçable en ce que non seulement ils donnent matière au mouvement, créent des motifs d'agir seul et à plusieurs, mais aussi ils inscrivent l'enfant dans un univers culturel et participent ainsi à sa socialisation corporelle. Toujours en prise avec des objets, il n'y a pas de mouvement qui ne soit pas culturellement signifiant (Garnier, 2013).

De son côté, l'entretien avec les parents souligne le contraste entre le petit appartement familial, « 34 mètres carrés », précise la mère, habité par cinq personnes (les deux parents, Sandro, son petit frère et sa grand-mère), et l'espace du jardin maternel qui offre à l'enfant « beaucoup de place ». À la maison, « il bouge toujours », insiste son père qui l'emmène au parc pour jouer avec lui au football, élément central des transmissions paternelles, nous le verrons bientôt, marquées par des différences de genre (Anslet & Gélard, 2012).

À propos des « pâtes » : des apprentissages culturels essentiels

Avec les apprentissages linguistiques, l'apprentissage des goûts et des habitudes alimentaires fait partie d'une socialisation invisible que les situations de repas au jardin maternel mettent en évidence. Le jour de notre observation, il y a des pâtes et du poisson au déjeuner. Sandro ne les a pas photographiés (les séances photos n'ont pas eu lieu pendant les repas), mais la nourriture a une place de choix dans la vie de cet enfant entre le jardin maternel et la maison, comme il semble nous le dire et comme en témoignent l'observation des professionnelles et les propos de ses parents.

L'observation montre une singularisation de l'enfant par l'éducatrice de jeunes enfants qui s'occupe de la table où Sandro mange avec cinq autres enfants : elle souligne son italianité à travers l'usage de quelques mots italiens (*pasta, formaggio, bambino*) et son goût pour les pâtes. Même si cet attrait pour les pâtes est partagé et manifesté par d'autres enfants, c'est à lui qu'elle adresse personnellement : « Tu as de la chance, il y a des pâtes aujourd'hui ». En face de Sandro, une autre enfant, Anna, intervient : « moi, j'aime bien les pâtes », dit-elle par deux fois et quelques instants après, Sandro répète à son tour, comme en écho : « moi, j'aime bien les pâtes ». En même temps, la professionnelle insiste fortement sur ce que l'enfant n'aime manifestement pas, manger du poisson, comme intégration à un faire « comme tout le monde ». Par ses sollicitations réitérées, elle incite Sandro à « manger de tout », avant de différencier « goûter » et « manger ». Sandro manifeste à la fois son accord verbalement, en s'attribuant ce goût pour les pâtes, en reprend par deux fois, et son désaccord non verbal, notamment en tapant les pieds sous la table, pour le poisson qu'il mange en partie pour pouvoir reprendre des pâtes.

Le repas est un moment de socialisation intense où la professionnelle s'adresse de différentes manières à Sandro en lien avec les autres enfants. Par exemple, quand il s'agit des pâtes, sous forme d'englobement : « Pour tout le monde, c'est la dernière fois… Sandro, ça suffit, tu n'es pas tout seul ». Ou, quand il s'agit du poisson, en prenant un autre enfant comme exemple de ce qu'il faut faire : « Tu as tout ça à manger… Regarde Yaniss, il mange tout ». « Moi j'ai tout mangé », intervient de suite Anna, en répondant aux attentes de la professionnelle. C'est dire que, loin d'être circonscrite à Sandro et la professionnelle, c'est tout le groupe d'enfants qui participe à cette mise en partage des goûts et des habitudes alimentaires.

À propos de la nourriture, les parents font état du refus, en début d'année, de manger de Sandro au jardin maternel qui contribuait aux difficultés d'adaptation. Dans ce domaine, ils soulignent un profond décalage culturel entre la maison et le jardin maternel. Son père, cuisinier, nous explique en détail les différentes manières de traiter les pâtes : comme plat (*primo*, en Italie) ou comme accompagnement d'un plat principal (en France). Cette pratique de traiter les pâtes comme un « légume » accompagnant viande ou poisson lui paraît tout à fait contraire à la santé. Manifestement, la nourriture est centrale dans les échanges entre Sandro et ses parents (comme son mari, la mère a travaillé en restaurant), au sujet du jardin maternel et ils lui demandent très souvent ce qu'il a mangé à midi. La mère souligne également une dynamique d'entraînement facilitée par le collectif d'enfants qui conduit Sandro à « faire comme les autres » et « manger les trucs que les autres mangent ». Elle s'accorde d'ailleurs avec cet apprendre à « manger de tout », des légumes notamment, qui vaut aussi bien à la maison qu'au jardin maternel, par exemple à travers des « pâtes avec des brocolis ». Enfin, comme sa mère les partage, elle comprend les réticences de son fils, par exemple pour manger du « camembert ». De cette manière, aliment par aliment, Sandro se définit des manières de composer avec des pratiques culturelles différentes, tout en empruntant au registre d'une culture enfantine et des goûts largement partagés entre enfants.

Image de zèbre : un « déclic » pour prendre (sa) place au jardin maternel

Après le repas, c'est l'heure de la sieste : Sandro rejoint « son » lit, un lit marqué par un petit dessin de zèbre qui le distingue des autres lits, comme c'est aussi le cas de « son » porte-manteau et de « son » casier, placés comme les autres dans un couloir à l'entrée du jardin maternel. Au moment de la prise de photo, le matin, les lits n'étaient pas installés dans la salle, mais après sa visite au local poussette, Sandro est allé prendre en photo son manteau et/ou le porte-manteau où figure l'image du zèbre (le film ne permet pas de trancher). C'est d'ailleurs une préoccupation majeure des professionnelles du jardin maternel : marquer des places (le porte-manteau), des objets (comme la corbeille à vêtements), des espaces de rangement (comme pour les doudous), avec des dessins ou les photos des enfants qui les individualisent, tout en marquant le souci de les mettre tous sur un pied d'égalité.

Dormir au jardin maternel n'allait pas de soi pour Sandro et autant les professionnelles que les parents évoquent des difficultés d'adaptation jusqu'en novembre : des cris et des pleurs, une position en retrait près de la porte de sortie qui les ont conduits à limiter sa présence aux seules matinées. Le récit parental du « déclic », qui a permis de débloquer la situation, fait intervenir un « zèbre » : « C'était difficile, on a laissé tomber. Il est resté jusqu'à onze heures. Pendant les deux premiers mois, on a fait comme ça. Après c'était lui qui m'a réclamé. Parce qu'il a regardé qu'il y a un zèbre dans son lit, comme sur son porte manteau. Et donc ça il a dit : "ça c'est mon lit, je veux rester dormir" », raconte sa mère ; « moi je suis tifosi de la Juve », explique son père, supporter du célèbre club de football de Turin, dont la mascotte est précisément un zèbre.

L'image du zèbre attribuée à Sandro représente ainsi un « objet frontière » (Star, 2010), matière à interprétations flexibles et objet partagé à la maison et au jardin maternel. Signe de la passion paternelle pour le football, élément de la culture populaire italienne qui est central dans des pratiques partagées entre père et fils autour du ballon, il dit aussi l'importance des images d'animaux dans la culture matérielle destinée aux jeunes enfants. À l'intersection de différents mondes, l'image du zèbre est à la fois assez souple pour s'adapter aux besoins et usages différents et assez rigide pour garder sa consistance propre à travers ses traductions entre différents mondes. Point de conjonction de la maison et du jardin maternel, il donne appui à la possibilité d'être à la fois dans ces deux univers, alors même qu'on ne peut être physiquement dans deux lieux à la fois. Ainsi, le récit des parents ne se contente pas de souligner l'importance de l'objet lui-même : il met aussi en scène l'*agency* de Sandro pour se l'approprier, manifester son pouvoir de décision et de s'affilier comme enfant du jardin maternel, sans pour autant abandonner ses repères familiaux.

De leur côté, les professionnelles font aussi apparaître l'importance de ce zèbre, à la différence près que ce n'est pas un lit attribué à Sandro qui était marqué par cette image, mais un lit quelconque qui est devenu du même coup « son » lit. C'est en effet par hasard que l'image du zèbre a été attribuée à Sandro par les professionnelles, parmi d'autres animaux qui personnalisent les lits des enfants dans le jardin maternel.

Aussi, avec l'appropriation d'un lit marqué « pour lui », Sandro a pris sa place au jardin maternel, affirmation personnelle pour prendre une place qui ne lui est pas seulement attribuée mais qu'il a choisie (Halldén, 2012). Avec cet objet-frontière, s'ajoutent aussi, comme l'indique sa mère, des objets qui circulent ou transitent entre la maison et le jardin maternel, notamment un doudou et des photos de l'enfant et de sa famille : « Ça c'est une chose que m'a demandé Christine [la directrice] : de lui donner quelque chose pour le faire rester ici. En fait s'il n'a pas son doudou, il n'arrive pas à bien s'endormir ici. Parce qu'elle m'a dit que c'est quelque chose qui va le raccorder à la maison comme le petit carnet de photos ». D'autres objets, au contraire, ne circulent pas entre la maison de Sandro et le jardin maternel, comme par exemple le *Journal de Mickey* et les albums d'une « littérature jeunesse ». Les objets marquent ainsi continuités et ruptures entre différents espaces de socialisation des jeunes enfants (Garnier, 2015b).

À travers ces objets qui circulent et font médiation entre la maison et le jardin maternel, l'enfant apparaît lui-même comme leur messager, mais aussi comme message que parents et professionnelles s'adressent réciproquement, même si c'est de manière involontaire ou tacite (Perrenoud, 1994). Mais, loin d'être une simple courroie de transmission, cette histoire de zèbre montre bien que l'enfant y prend une part active : on le voit composer avec sa double appartenance, manifester son autonomie en conjuguant ses rôles et ses engagements respectifs à la maison et au jardin maternel.

La bascule : un objet à partager entre enfants

Parmi les photos prises par Sandro du matériel extérieur figure une bascule rouge en forme de crocodile : photo difficilement reconnaissable si ce n'est par sa couleur rouge, tant elle a été prise de près. Là aussi, le photographe « entre » pour ainsi dire dans son objet, comme s'il était absorbé par lui (Tisseron, 1996). Cette bascule est précisément au cœur d'un accrochage entre Sandro et deux filles dans la cour l'après-midi de nos observations. La scène filmée a fait l'objet de discussions entre professionnelles, puis de commentaires des parents. Elle montre cette bascule occupée par deux filles qui se balancent, observées par un garçon. Sandro s'installe au milieu de la bascule, très vite une des filles tombe *ou* se laisse tomber à côté, en se mettant à pleurer, Sandro prend ensuite sa place face à l'autre fille. En entendant des pleurs, une professionnelle assise à proximité de la scène se lève et prend la défense de la fillette : « je ne suis pas d'accord Sandro, c'est la place de Léa ; tu l'auras après », elle se rapproche des enfants, remet Léa sur la bascule et va se rassoir. Sandro regarde brièvement les deux filles qui ont recommencé à se balancer et s'éloigne tout en retirant vivement son bonnet.

Soulignons d'abord que la bascule offre des prises différentes au jeu des enfants : soit l'espace médian peut être interprété comme une place à prendre (c'est ce que fait d'abord Sandro), soit c'est uniquement par ses deux places du bout qu'il peut faire fonction de bascule et offre un tête-à-tête entre deux enfants : ce que font les deux filles avant l'arrivée de Sandro, puis Sandro en reprenant la place de l'une d'elles, enfin les deux filles qui ont retrouvé leur place initiale. L'usage de la bascule offre ainsi différentes interprétations qui peuvent entrer en conflit, non seulement du point de vue des enfants mais aussi des professionnelles. Celles-ci discutent en particulier de la responsabilité de la chute de la fillette imputée au garçon. Les professionnelles s'accordent pour reconnaître que Sandro n'a pas cherché à prendre la place de Léa, mais que c'est elle qui, pour manifester son refus de voir Sandro s'installer sur la bascule, s'est pour ainsi dire laissée tomber. Revu au ralenti, le montage montre en effet l'absence de geste de Sandro pour la pousser et Léa qui prend appui sur la balançoire avec les mains pour se lever et s'en dégager. Les professionnelles soulignent cette difficulté de saisir en situation et avec un sentiment d'urgence, l'ensemble d'une histoire entre enfants et pas seulement les conséquences dans ce qu'elles voient à la fin de la séquence (Sandro a pris la place de Léa qui s'est mise à pleurer). Dans leurs efforts pour restaurer l'ordre social entre enfants (Danby & Baker, 1998), elles ont souvent des difficultés pour comprendre a posteriori ce qui s'est passé, mais aussi comment les enfants se débrouillent eux-mêmes dans ce travail de réparation et de reconstruction des liens sociaux. Leur intervention peut donc passer à côté des processus de réparation mis en jeu par les enfants, notamment parce qu'ils sont non verbaux et peu visibles, y compris au premier coup d'œil par les chercheurs qui utilisent la caméra et le ralenti pour les mettre en évidence. En remettant en cause leur première interprétation qui impute à Sandro la bousculade de la fillette pour prendre sa place, les professionnelles s'interrogeront : n'ont-elles pas tendance à prendre trop rapidement ou trop systématiquement le garçon pour un fauteur de troubles ?

Le même événement montré aux parents suscite leur approbation de l'intervention de la professionnelle, y compris si un des chercheurs leur indique les différentes interprétations possibles de cette scène. Les parents en ont une autre grille de lecture, pensant qu'elle met en jeu un apprentissage inhérent à une structure collective : il faut que Sandro apprenne à « attendre son tour ». C'est un apprentissage largement valorisé par les parents : « c'est bien de le faire attendre ». Cela contraste avec ce qui se passe à la maison où, si l'enfant manifeste également son impatience, les parents ne disposent pas de cette ressource pragmatique que représentent les autres enfants pour différer la réalisation de ce qu'il attend. En tout cas, en voyant Sandro retirer vivement son bonnet tout en s'éloignant, ses parents commenteront : « il est fâché ». Effectivement, en l'absence de tout dialogue ou question de la part des professionnelles, il est probable que Sandro se sente en colère, peut être injustement réprimandé, alors qu'il voulait partager la bascule avec les deux autres filles en s'invitant dans leur jeu en tête-à-tête.

Comme le montre cet épisode, la question d'une vie collective est celle d'objets qu'il faut « apprendre à partager », dans l'opposition ou la coopération. Mais les objets ne se divisent pas facilement et la formule « chacun son tour » manifeste un souci d'équité entre enfants, ainsi que la priorité du collectif sur l'individuel et la place que chacun peut/doit y prendre.

Conclusion : points de vue d'enfants et d'adultes sur la culture matérielle

La situation de Sandro est on ne peut plus singulière, mais son analyse permet de comprendre en quoi consiste cette singularité et comment elle se définit en rapport avec une culture matérielle, dans des allers et retours constants entre ce qui est général pour l'ensemble des enfants du jardin maternel et ce qui lui est particulier. Il y a d'abord la culture matérielle propre à ce lieu d'accueil, différent d'autres types de lieux collectifs, tout en présentant des caractéristiques partagées qui incarnent une histoire des conceptions de la petite enfance et des pratiques à l'égard des jeunes enfants (Kinchin & O'Connor, 2012). La culture matérielle de sa vie familiale est également particulière : on le voit à travers les objets qui circulent (ou non) entre la maison et le jardin maternel, nœuds dans un réseau de relations qui traversent (ou non) ces différents lieux. Il y a aussi toute la singularité de l'enfant qui se joue à travers l'importance particulière de certains objets : d'un côté, des objets personnels, comme la trottinette, qui sont propres à chaque enfant, et, de l'autre côté, des objets singularisant, comme le « micro », qui sont différents d'un enfant à l'autre, tout en étant à partager au sein d'un collectif d'enfants. Il s'agit enfin de tout ce qui est particulier à une journée vécue par Sandro au jardin maternel. Ici aussi, il y a à la fois un mélange entre le général, les routines récurrentes de la vie au jardin maternel, comme le fait de mettre sa photo sur l'arbre à photos, et des événements particuliers à la journée observée, comme un moment de chant accompagné d'un djembé improvisé par les professionnelles. Au total, la culture matérielle qui jalonne la journée de Sandro est particulière, mais en même temps elle fait signe vers une expérience commune de ce que veut dire apprendre à « vivre en collectivité » pour les jeunes enfants.

En effet, prendre « place » dans une structure d'accueil collectif des jeunes enfants, c'est développer une double et réciproque appropriation de l'individu et de la structure, une rencontre à chaque coup singulière entre une histoire des cultures préscolaires matérialisée par des objets et l'histoire individuelle d'un enfant qui s'inscrit elle-même dans une histoire familiale. S'y joue également une institutionnalisation de la petite enfance et une individualisation des enfants (Zeiher, 2009), mais aussi une singularité de chacun, reconnue à travers le regard des adultes. La culture matérielle des lieux de la petite enfance est précisément à la croisée de ces dimensions à la fois collectives, institutionnelles et familiales, individuelles et singulières de la vie des jeunes enfants. Avec ce qu'elle offre de prise et d'emprise pour/ sur les adultes et les enfants, elle balise constamment l'espace-temps social des lieux d'accueil des jeunes enfants. D'ailleurs, l'adressage des objets aux enfants peut être ambigu (Brougère, 2008), en ce qu'ils s'adressent en même temps aux adultes, directement ou indirectement, explicitement ou implicitement. Qu'il s'agisse ou non d'un matériel éducatif ou didactique, intégrant des modes d'apprentissage et des savoirs, la matérialité des objets est nécessaire pour rendre les catégories de la culture visibles et stables (Douglas & Isherwood, 2007). Combinant diversement des significations et une matérialité (Lemonier, 2013), tous les objets offrent ainsi matière à des apprentissages culturels. C'est dire qu'en tant qu'ils sont à la fois culturels, signifiants, et matériels, en prise sur les corps, toute analyse des objets ne peut être qu'à la fois sémiotique et technologique (Bromberger, 1979 ; Garnier, 2012).

Parce qu'elle met l'accent sur le non-verbal (Lemonier, 2013), l'analyse de la culture matérielle pose la question de l'interprétation et, du même coup, de sa prise en compte au niveau de la méthodologie de l'enquête. Nous avons proposé ici de privilégier des méthodologies visuelles qui permettent de mettre à jour la dimension dialogique et polyphonique des interprétations, en conjuguant les significations des adultes (professionnelles et parents) avec celles des enfants. À l'exemple de Sandro, ces derniers ne sont pas « trop petits » pour exprimer leur propre point de vue, pour peu qu'on prête attention à leurs manières non-verbales de s'emparer du monde qui leur est donné à vivre. Leur pratique photographique concrétise des regards sur le monde qui leur sont propres, parfois en décalage avec ce qui semble important aux yeux des adultes, parfois en concordance avec leurs observations. Dans tous les cas, ces regards d'enfants sont riches de découvertes, porteurs de significations pour les adultes, qu'ils soient professionnels, parents, ou chercheurs.

Sans doute les regards des enfants sont tout entiers dans le présent d'une situation vécue ; rien ne dit qu'en leur donnant l'appareil photo à un autre moment leur attention ne serait pas prise par d'autres objets. Mais n'est-ce pas aussi, nécessairement, le cas des « grandes personnes » ? C'est dire que ce qui compte avant tout, c'est le caractère irremplaçable de leur propre point de vue et la reconnaissance de son altérité. Mais, répétons-le à la suite de Haraway (2007), « voir d'en bas », c'est-à-dire en situation d'asymétrie de pouvoir, fait l'objet d'apprentissages. Il serait naïf et trompeur de prétendre accéder d'emblée et pleinement aux points de vue des enfants : « cela comporte le sérieux danger d'idéaliser et/ou de s'approprier la vision des moins puissants alors qu'on revendique de voir à partir de leur position » (Haraway, 2007, p. 119). Comme y insistait déjà Merleau-Ponty (1988, p. 90), à propos de l'enfant : « Il faut savoir peu à peu dégager ce qui vient de nous et ce qui est de lui ». La rencontre d'une pluralité de regards que permet un matériel visuel (photos et films) met l'accent sur des interdépendances entre enfants et adultes, elle conduit aussi à un décentrement, une distanciation critique : « c'est donc simultanément que l'adulte apprend à se connaître et à apprendre l'enfant » (Merleau-Ponty, 1988, p. 90). Au lieu d'une distinction tranchée entre des recherches « avec » ou « sur » les enfants, il est tout à fait pertinent de faire jouer leur complémentarité en croisant points de vue des enfants et points de vue des adultes. Les méthodologies visuelles permettent ce dialogue et offrent au chercheur un outil irremplaçable pour développer un regard critique sur ses propres interprétations.

Références bibliographiques

Anstett, E. & Gélard, M.-L. (dir.) (2012). *Les objets ont-ils un genre ? Culture matérielle et production sociale des identités sexuées*. Paris : Armand Colin.

Bourdieu, P. (1980). Le mort saisit le vif. Les relations entre l'histoire réifiée et l'histoire incoporée, *Les Actes de la recherche en sciences sociales*, 32/33, p. 3-14.

Bromberger, C. (1979). Technologie et analyse sémantique des objets : pour une sémio-technologie. *L'homme*, 19 (1), p. 105-140.

Bromberger, C. & Segalen, M. (1996). L'objet moderne : de la production sérielle à la diversité des usages. *Ethnologie française*, 26 (1), p. 5-16.

Brooksham, S. (2009). The Material Culture of Children and Childhood. *Journal of Material Culture*, 14 (3), p. 365-338.

Brougère, G. (2008). La ronde de la culture enfantine de masse. In G. Brougère (dir.) *La ronde des jeux et des jouets*. Paris : Autrement, p. 5-21.

Brougère, G. & Rayna, S. (dir.) (2010). *Jeu et cultures préscolaires*. Paris : INRP.

Burke, R. & Duncan, J. (2015). *Bodies as sites of cultural reflection in early childhood education*. New York : Routledge.

Chamboredon, J.-C. & Prévot, J. (1973). Le « métier d'enfant ». Définition sociale de la petite enfance. *Revue Française de sociologie*, 14 (3), 295-335.

Clark, A. & Moss, P. (2001). *Listening to Young Children : The Mosaic Approach*. London : NCB.

Conein, B., Dodier, N. & Thévenot, L. (dir.) (1993). *Des objets dans l'action. De la maison au laboratoire. Raisons Pratiques*, 4, Paris : EHESS.

Corsaro, W. (2011). *The Sociology of childhood*. London : Sage.

Danby, S. & Baker, C. (1998). 'What's the problem ?' Restoring Social Order in the Preschool Classroom. In I. Hutchby & J. Moran-Ellis (eds.) *Children and social competences*. London : Falmer Press, p. 157-186.

Dauphragne, A., Roucous, N. & Berry, V. (2012). Les biens de l'enfant dans l'espace domestique. Logiques enfantines et dynamiques familiales. *Tsantsa*, 17, p. 66-75.

Delalande, J. (2001). *La cour de récréation, contribution à une anthropologie de l'enfance*. Rennes : Presses universitaires de Rennes.

Diasio, N. (2012). Maillage des temps et gouvernement des corps dans la construction des rapports d'âge et de genre. *SociologieS*. En ligne : http://sociologies.revues.org/4118.

Douglas, M. & Isherwood, B. (2007). *Pour une anthropologie de la consommation. Le monde des biens*. Paris : Édition du Regard.

Garnier, P. (1995). *Ce dont les enfants sont capables*. Paris : Métailié.

Garnier, P. (2000). La socialisation en procès : conflits, enjeux et dynamiques. *Ville, école, intégration*, 120, p. 9-17.

Garnier, P. (2012). La culture matérielle enfantine. Catégorisation et performativité des objets. *Strenae*, 44. En ligne : http://strenae.revues.org/761.

Garnier, P. (2013). Objects for a 'healthy lifestyle'. Children's material culture and physical activities. *Young Consumers*, 14 (4), p. 331-341.

Garnier P. (2015a). L'impératif de « socialisation » : points de vue de parents sur la vie collective des tout-petits, *SociologieS*. En ligne : http://sociologies.revues.org/5128.

Garnier P. (2015b). Between young children and adults : practical logic in families' lives. In L. Alanen, L. Brooker and B. Mayall (eds.) *Studying Childhood with Bourdieu*. London : Palgrave-Macmillan, p. 57-77.

Garnier, P., Brougère, G., Rayna, S. & Rupin, P. (2016). *À 2 ans, vivre dans un collectif d'enfants : crèche, jardin maternel, classe passerelle, école maternelle*. Toulouse : Érès.

Gasparini, R. (2010). Doudou, sucette et tétine : la socialisation des enfants à ces 'objets transitionnels, In *Enfance et Culture*. Paris : Ministère de la Culture. En ligne : http://www.enfanceetculture.culture.gouv.fr/actes/gasparini.pdf.

Halldén, G. (2012). Children's Sense of Place. Aspects of Individualization, Flexibility and Free Choice within the Preschool Context. In A.T. Kjorholt & J. Qvortrup (eds.) *The modern child and the flexible labour market. Early Childhood Education and Care*, London : Palgrave Macmillan, p. 186-202.

Haraway, D. (2007). *Manifeste Cyborg et autres essais*. Paris : Exils Éditeur.

Julien, M.-P. & Warnier, J.-P. (dir.) (1999). *Approches de la culture matérielle. Corps à corps avec l'objet*. Paris : l'Harmattan.

Julien, M.-P. & Rosselin, C. (2005). *La culture matérielle*. Paris : La Découverte.

Kinchin, J. & O'Connor, A. (eds.) (2012). *Century of the child. Growing by design, 1900-2000*. New York : Museum of modern art.

Latour, B. (2010). Prendre le pli des techniques, *Réseau*, 163, p. 14-31.

Legendre, A. (1987). Transformation de l'espace d'activités et échanges sociaux de jeunes enfants en crèche. *Psychologie Française*, 32, p. 31-43.

Lemonnier, P. (2013). De l'immatériel dans le matériel... et réciproquement ! Techniques et communication non verbale. *Le Journal de la Société des Océanistes*, 136-137, p. 15-26.

Mauss, M. (1985). *Sociologie et anthropologie*. Paris : PUF.

Merleau-Ponty, M. (1988). *Merleau-Ponty à la Sorbonne, résumé de cours 1949-1952*. Paris : Cynara.

Miller, D. (2010). *Stuff*. Cambridge : Polity Press.

Musatti, T. & Mayer, S. (2011). Toddlers' social and cognitive experience in an educational centre : the role of the spatial dimension of the environment, *European Early Childhood education Research Journal*, 19 (2), p. 207-221.

Passeron, J.C & Revel, J.F. (dir.) (2005). *Penser par cas*. Paris : EHESS.

Piette, A. (1996). *Ethnographie de l'action. L'observation des détails*. Paris : Métailié.

Perrenoud, P. (1994). Le « go-between » : entre sa famille et l'école, l'enfant messager et message. In Montandon, C. & Perrenoud, P. (dir.) *Entre parents et enseignants : un dialogue impossible ?* Berne : Peter Lang, p. 49-87.

Sinclair, H., Stambak, M., Lézine, I., Rayna, S. & Verba, M. (1982). *Des bébés et des choses. La créativité du développement cognitif*. Paris : PUF.

Stambak, M., Bonica, L., Maisonnet, R., Rayna, S. & Verba, M. (1983). *Les bébés entre eux. Découvrir, inventer et jouer ensemble*. Paris : PUF.

Star, S. (2010). Ceci n'est pas un objet frontière ! Réflexions sur l'origine d'un concept. *Revue d'Anthropologie des Connaissances*, 4 (1), p. 18-35.

Tisseron, S. (1996). *Le mystère de la chambre claire. Photographie et inconscient*. Paris : Champs Arts.

Zeiher, H. (2009). Institutionalization as a Secular Trend. In J. Qvortrup, W. Corsaro & M.S. Honig (eds.) *Childhood Studies*. Basingstoke : Palgrave Macmillan, p. 127-139.

Illustrations

Photo 10 : *Sandro photographie Théo (jardin maternel)*

Photo 11 : *Sandro photographie le « micro » (jardin maternel)*

Photo 12 : *Sandro photographie la « moto » dans la cour (jardin maternel)*

Les défis de la recherche avec les enfants dans les structures éducatives[1]

Carmen DALLI[2], Sarah TE ONE[3], Ann PAIRMAN[4]

Dans le champ de la recherche sur l'enfance, questionner l'impossibilité de connaître entièrement les points de vue des enfants sur leurs expériences, éducatives et autres, remonte à plusieurs décennies déjà. Aujourd'hui, les chercheurs insistent sur le fait que si l'on ne peut pas voir le monde du point de vue de l'enfant, on connait de mieux en mieux ses compétences, cognitives, sociales, techniques et morales et en particulier les capacités communicatives des nouveau-nés qui utilisent une série de sons, d'expressions faciales et de mouvements corporels pouvant être comprise par les adultes qui y sont sensibles (Johannson & White, 2011 ; Malloch & Trevarthen, 2009 ; Reddy, 2008 ; Sommer *et al.*, 2010). Le discours grandissant sur les droits de l'enfant a alerté sur les dangers de concevoir les enfants comme des êtres immatures et de ce fait, comme des acteurs sociaux incomplets et moins compétents (Prout & Hallet, 2003 ; Pufall & Unsworth, 2004). Il a aussi aidé à les positionner à la fois comme *étant* et d*evenant* des citoyens, au même titre que les êtres humains plus âgés (Dahlberg & Moss, 2005 ; Smith, 2015 ; Sumsion *et al.*, 2009).

Si l'autonomie, l'*agency*, l'*empowerment*, la voix et la participation des enfants sont largement reconnues dans les discours (Loveridge & Cornforth, 2014), les chercheurs ne peuvent pas affirmer qu'écouter leurs voix peut en soi conduire à de nouvelles connaissances des expériences qu'ils vivent. Par exemple, lorsqu'on interprète ces voix enfantines, il est nécessaire de reconnaître les principaux marqueurs qui régissent les relations entre générations et la façon dont ils influencent les points de vue des adultes et des enfants sur ce qu'est l'enfance (Te One *et al.*, 2014). Le concept de « génération » permet de prendre en considération les processus relationnels par lesquels on est reconnu comme enfant et comme adulte, et de reconnaître l'interdépendance inhérente à la

---

[1] Traduction : Sylvie Rayna.
[2] Professeure, École d'Éducation, Université Victoria de Wellington, Nouvelle Zélande.
[3] Présidente, Action pour les enfants et la jeunesse Aotearoa, Nouvelle Zélande.
[4] Doctorante, École d'Éducation, Université Victoria de Wellington, Nouvelle Zélande.

compréhension par les enfants de leurs propres expériences (Mayall, 2002). Ajoutons que s'appuyer sur une épistémologie selon laquelle « on est transparent pour nous-mêmes » risque de conduire à concevoir de façon non critique les enfants (et quiconque) comme source la plus authentique de connaissance sur eux-mêmes (Gallacher & Gallagher, 2008, p. 502). Au lieu de penser les enfants comme « sachant tout », des courants post-modernes développent l'idée d'une nature « relationnelle, partielle et co-construite » de la connaissance (Lomax, 2012). Cela est d'autant plus important que les adultes tendent à transférer leurs hypothèses sur les enfants et l'enfance dans leur façon d'interagir avec eux et risquent ainsi de contaminer leurs interprétations avec leurs visions adultes (Te One & Jamison, 2015).

De telles préoccupations amenant des défis permanents, les chercheurs ont été de plus en plus créatifs dans leurs efforts méthodologiques pour comprendre, le plus authentiquement possible, les expériences des enfants (Bradbury-Jones & Taylor, 2015 ; Fasoli, 2001 ; Johannson & White, 2011 ; Pascal & Bertram, 2009 ; Sumsion, 2003). En même temps, les débats sur l'éthique de l'implication (avec) de jeunes enfants dans la recherche – dont la question de savoir qui doit décider s'ils peuvent y participer – questionnent les déséquilibres de pouvoir entre chercheurs adultes et enfants qui peuvent être des cibles faciles pour des interventions (Conroy & Harcourt, 2009 ; Masson, 2004 ; Robinson & Kellett, 2004). Le fossé évident entre la littérature sur l'éducation de la petite enfance fondée sur les droits et les pratiques existantes de recherche nous rappelle la nécessité d'un dialogue critique permanent pour garantir une démarche de recherche respectueuse (Mayne & Howitt, 2015 ; Palaiologou, 2014).

Deux cadres récents offrent des outils opportuns pour aider les chercheurs à naviguer dans les questions éthiques touchant à la responsabilité, des questions complexes et aux multiples facettes qui font partie de la recherche avec les enfants. Le premier est le Cadre de responsabilité de la recherche fondée sur les droits – *Rights-based Research Accountability Framework* (voir Figure 1) –, développé par Mayne et Howitt (2015). Il est fondé sur une méta-analyse des pratiques de recherche parues dans 506 articles, revus par des pairs, de dix revues internationales sur la petite enfance, entre 2009 et 2012. Mayne et Howitt ont analysé ces articles selon trois dimensions : le statut accordé à l'enfant dans la recherche (objet / sujet / acteur social / co-chercheur) ; son positionnement par les chercheurs vis-à-vis d'eux (recherche sur / avec / par l'enfant) ; la valeur donnée à l'écoute de sa voix dans la culture de la recherche (une culture respectueuse ou irrespectueuse). Les auteurs présentent schématiquement les trois dimensions et proposent trois questions avec lesquelles les chercheurs peuvent interroger leur pratique selon ces dimensions :

> Les chercheurs peuvent demander : « Comment les capacités des enfants sont-elles conçues dans cette recherche (statut) ? » ; « comment ai-je positionné les enfants par rapport à moi (perspective) ? » ; « quelle valeur ai-je donné à l'écoute de la voix de l'enfant et comment cela est-il démontré (culture de la recherche) ? » (Mayne & Howitt, 2015, p. 37).

Mayne et Howitt avancent que les recherches fondées sur les droits exigent réflexion et choix stratégiques à chaque étape de la recherche, et que la combinaison entre questionnement et représentation des trois dimensions est un outil susceptible d'aider les chercheurs à réfléchir sur la façon dont une recherche respecte, tout au long du processus, les droits des enfants.

Figure 1. *Rights-based Research Accountability Framework*

Statut de l'enfant	Point de vue du chercheur	Culture de la recherche
Objet	Sur	Non respectueuse
Sujet	Avec	
Acteur social		Respectueuse
Co-chercheur	Par	

Source : Mayne & Howitt, 2015, p. 37

Un second outil récent provient du projet « Éthique de la recherche impliquant des enfants » – *Ethical Research Involving Children* (ERIC) –, qui s'appuie sur les résultats d'une enquête internationale réalisée auprès de 257 chercheurs de 46 pays (Graham, Powell & Taylor, 2015). Financée par le réseau de recherche international Childwatch, cette enquête cherchait à identifier les principales questions éthiques des chercheurs travaillant avec des enfants, dans divers contextes disciplinaires, culturels et sociaux. Le projet ERIC a répondu au manque de ressources pour guider et soutenir une pratique éthique par une série de documents papier et en ligne visant à promouvoir réflexivité, droits et relations dans la recherche impliquant des enfants. La plus importante de ces ressources est une charte qui comprend sept principes : l'éthique dans la recherche impliquant des enfants est de la responsabilité de chacun ; respecter la dignité des enfants est au cœur de la recherche éthique ; la recherche impliquant des enfants doit être juste et équitable ; la recherche éthique bénéficie aux enfants ; la participation à la recherche ne doit pas nuire aux enfants ; les enfants doivent être toujours informés et ils doivent donner leur accord en permanence ; la recherche éthique nécessite une réflexion permanente[5].

Dans ce chapitre, nous contribuons à l'analyse de l'implication des enfants dans la recherche en éducation à partir d'une réflexion sur des entretiens menés par les deux premiers auteurs avec des chercheurs de Nouvelle Zélande qui sont engagés dans des travaux impliquant des enfants d'âges et de communautés différents (Dalli et Stephenson, 2010 ; Te One, 2010) ; nous nous appuyons aussi sur une étude en cours de Pairman (Pairman & Dalli, à paraître). Les chercheurs interrogés par Dalli et Te One avaient pris part à une étude plus large (Loveridge, 2010) sur les considérations théoriques, pratiques et éthiques dans les études évaluatives et les recherches avec les enfants. Commanditée par le ministère de l'Éducation de Nouvelle Zélande, cette étude avait pour objectif de promouvoir des pratiques de recherche informées, conscientes et respectueuses. Les chercheurs ont été identifiés à partir de travaux qui reposent sur différentes méthodologies (qualitatives, quantitatives et mixtes utilisant observations, entretiens, expérimentations ou tests). Elles sont accessibles dans le domaine public et leurs auteurs ont accepté d'être nommés. Des entretiens complètent une revue systématique de la littérature, pour préciser les réponses concrètes aux principales questions identifiées dans cette revue : l'importance de prendre au sérieux les enfants comme des participants à la recherche ; le « désordre » de la recherche qualitative avec les enfants ; le défi d'un investissement suffisant en temps pour pouvoir connaître les enfants, face aux contraintes imposées par le financement de la recherche ; les pratiques respectueuses avec les enfants et les communautés, y compris dans la diffusion des résultats. Nous discuterons ces thèmes et conclurons en plaidant en faveur d'une méthodologie « adaptée aux objectifs », sensible à l'intention, au contexte et aux participants de la recherche.

Des réponses concrètes aux défis de la recherche

Huit chercheurs ont été interrogés par Dalli et Te One ; elles leur ont demandé de réfléchir à leurs expériences respectives de la recherche avec les enfants, qui portaient sur :

- la portée du curriculum dans une structure de la petite enfance pour les enfants de moins de cinq ans (Stephenson, 2009a) ;
- l'efficacité d'un programme pour augmenter la réussite en lecture d'enfants âgés de quatre à cinq ans dans des structures de la petite enfance samoanes et tonganes et d'enfants passant à l'école primaire (Tagoilelagi-Leota *et al.*, 2005) ;

---

[5] La charte et d'autres ressources sont disponible sur : www.childethics.com.

- les méthodes de photographie de soi et d'entretien avec photos, comme moyen de comprendre la perception des sciences et de la technologie chez des enfants âgés de cinq à treize ans ans (Moreland & Cowie, 2005) ;
- les pratiques de lecture dans les vies d'élèves pasifikas (originaires des îles du Pacifique, dont la Malaisie, la Micronésie et la Polynésie), âgés de onze à treize ans (Dickie, 2008) ;
- l'acquisition de la lecture chez les enfants pasifikas âgés de dix à treize ans (Fletcher, Parkhill & Fa'afoi, 2005 ; Fletcher *et al.*, 2008) ;
- la compréhension de la justice et du pardon en famille chez des élèves âgés de neuf à onze ans (Evans *et al.*, 2007).

Dans chaque entretien, les premiers ou principaux auteurs ont été invités à réfléchir à leur méthodologie, à l'éthique et à d'autres questions survenues au cours de leur recherche. L'analyse thématique des entretiens a permis d'identifier les questions clés discutées dans la suite du chapitre. La discussion comprend aussi des idées provenant de l'étude en cours de Pairman et Dalli sur les expériences des enfants dans des structures d'accueil et d'éducation aux différentes configurations spatiales.

Prendre les enfants au sérieux : créer le temps et l'espace

Tout en prenant conscience de l'importance des articles 12 et 13 de la Convention internationale des droits des enfants relatifs à leur liberté de pensée et d'expression, de nombreux chercheurs contemporains ont été fortement influencés par la notion de pédagogie de l'écoute (Rinaldi, 2006) selon laquelle les adultes pourraient comprendre les nombreuses façons dont les enfants s'expriment. Défendre que « les enfants ont une voix qui leur est propre, et qu'ils doivent être pris au sérieux » (Dahlberg, Moss & Pence, 1999, p. 49) rend impérative leur écoute au cours de processus dialogiques et participatifs inhérents à une approche démocratique qui reconnaît leurs droits citoyens.

Pour Schiller et Einarsdóttir (2009, p. 125) « apprendre à écouter » et « écouter pour apprendre » sont complémentaires, mais elles nous mettent en garde : « le mouvement de balancier a pu aller trop loin » (p. 127) et conduire à une centration non critique sur les droits des enfants à la participation ; les chercheurs courent alors le risque de faire encore et toujours des enfants des adultes en miniature (Ariès, 1962). Mannion (2007) suggère de repenser la participation comme portant sur la relation enfant-adulte tandis que Lundy (2007) et Te One *et al.* (2014) avancent qu'au-delà de la voix, les chercheurs doivent également prendre en considération l'*espace* ou l'occasion donnée aux enfants d'exprimer un point de vue, le *public* qui l'écoute, son *influence* et sa prise en compte effective. Créer une occasion d'entendre des voix apparemment inexactes ou non pertinentes peut aussi nous aider à mieux comprendre ces perspectives enfantines (von Benzon, 2015).

Les huit chercheurs interrogés séparément par Dalli et Te One ont fait état de préoccupations similaires. Pour Stephenson (entretien), qui travaille avec des enfants de moins de cinq ans, les idées les plus significatives concernant leurs visions sur le curriculum préscolaire surviennent quand ils ont l'occasion, ou l'espace, d'interagir librement avec elle plutôt qu'en suivant un protocole d'enquête bien planifié. Stephenson rapporte qu'un garçon de deux ans a introduit son propre objet, un cheval miniature, pour montrer ce qu'il aimait faire au lieu de choisir entre des photos d'activités qu'elle avait prises dans la structure de la petite enfance et qu'elle présentait systématiquement aux enfants. Stephenson avance aussi l'idée que les entretiens avec des enfants sont différents de ceux avec des adultes :

> Vous questionnez seulement une fois [les adultes] et vous prenez la réponse pour argent comptant, vous l'acceptez. Tandis qu'avec les enfants, parce qu'ils ne parlent pas aussi bien... vous devez les écouter de manière périphérique. J'ai constaté que chaque fois qu'ils voulaient sortir du guide d'entretien basé sur les photos, j'écoutais quelque chose de différent chaque fois – et c'était [la différence entre les entretiens] quelque chose qui était réellement, réellement utile. (Stephenson, entretien)

Fletcher (entretien) et Fa'afoi (entretien) rapportent également des idées inattendues à propos du besoin d'espace qu'ont les enfants pour exprimer librement leurs points de vue. Dans leur étude avec des enfants pasifikas âgés de dix à treize ans, ces chercheurs ont fait des efforts considérables pour développer un protocole de recherche sensible à la culture, avec des chefs de la communauté pasifika. Mais, quand l'un d'eux, la femme du ministre du culte des Iles Pacifiques, a été présente pendant une partie du travail de terrain, son statut élevé au sein de la communauté a provoqué une inhibition, non anticipée, des enfants qui ont pris garde à ce qu'ils disaient et à la man!ère de le dire. Les chercheurs ont réfléchi à la complexité de cette situation où la nécessité d'accordage culturel croise mais peut aussi s'opposer à l'engagement des chercheurs à garantir aux enfants l'occasion d'avoir leur mot à dire :

> C'était important de parler informellement avec les élèves. Ils voulaient revenir et discuter des sujets abordés et alors la qualité du feedback exigeait le maintien de leur confiance. Il n'y a pas eu réellement assez de temps pour consolider une relation de travail, de confiance. (Fa'afoi, entretien)

Il est clair que la création d'un *espace* ne relève pas seulement du lieu et du temps physiques : elle est également influencée par des attentes culturelles et sociales (Lundy, 2007). Dans cette perspective Dickie (entretien) a relevé que les filles âgées de onze à treize ans étaient intimidées dans les groupes mixtes car elles « ne connaissaient pas les autres ». Dickie était également conscient du pouvoir déséquilibré entre lui en tant qu'homme, adulte, *papalagi* (européen) et les enfants ; il s'est efforcé de traiter les questions de pouvoir, en donnant aux enfants autant de moyens de contrôle que possible sur le recueil des données (prises de leurs propres photos et journaux personnels) :

> Ils étaient des experts ... ils avaient le pouvoir de me parler, ou de ne pas me parler – je devais faire tout ce qu'il fallait pour les rendre acteurs du projet, pour qu'ils décident eux-mêmes ce qui serait photographié, et, en plus, on leur a demandé d'interpréter leurs photos – faire des commentaires sur la photo et sur les interprétations du chercheur, ça leur donne davantage de contrôle sur la façon dont leur photo sera utilisée. (Dickie, entretien)

Dickie a intégré par la suite les données produites par les enfants à d'autres sources – ses notes de terrain, son journal de recherche et des entretiens avec des enseignant.e.s et directeurs.trices – pour consolider les résultats.

En travaillant avec un groupe d'enfants plus jeunes (moins de cinq ans), Stephenson (entretien) a également réfléchi aux questions de rapports de force, face aux possibilités limitées des enfants d'exercer leur pouvoir même s'ils sont capables de contester. « Il y a quelque chose qui arrive assez souvent mais nous n'avons rien écrit à ce sujet », souligne-elle, en rapportant un incident au cours duquel deux filles ont éloigné les crayons des chercheures pour interrompre le recueil des données.

Le fait d'avoir passé beaucoup de temps au recueil des données a conduit Stephenson à modifier ses instruments de recherche et à formuler des « questions de contrôle » sur la façon dont elle les utilisait, afin de s'assurer que les messages des enfants étaient les plus authentiques possibles :

- Ai-je vraiment commencé avec les pensées des enfants ?
- Comment les inclure à ce stade ?
- Quelles hypothèses faire ?
- Quelles questions un enfant peut-il poser ?
- Comment impliquer les enfants de telle manière qu'ils soient intéressés ?
- Comment éviter qu'ils me donnent les réponses qu'ils pensent que j'attends ?
- Comment garantir une perturbation minimale des intentions des enfants ?
- Quelle est la dynamique des relations de pouvoir dans cette situation de production de données ?
- Jusqu'où suis-je ouverte pour suivre les enfants ? (Stephenson, 2009b, p. 99).

Pour mieux discuter avec les enfants de leurs expériences dans leur structure, Stephenson a abandonné l'utilisation des histoires à terminer qu'elle avait conçue en s'inspirant d'une autre étude réalisée en Nouvelle Zélande (Carr, 2000). Au début de sa recherche, elle pensait que cette technique serait un bon moyen pour explorer le point de vue des enfants sur leurs apprentissages :

> Le mot « apprendre » n'a jamais été utilisé et je le cherchais : j'essayais de mettre en place des situations où ils pourraient l'utiliser d'eux-mêmes. Le premier livre portait sur un enfant qui arrive dans la structure et j'ai demandé aux enfants de suggérer tout ce qu'ils pourraient lui apprendre... Ils ont fait d'étranges suggestions : par exemple, ils ont dit qu'ils pourraient lui apprendre à être debout sur la table ou à courir partout dans la structure... (Stephenson, entretien)

Après l'insuccès d'une seconde histoire à terminer, Stephenson a décidé d'abandonner l'utilisation de ces histoires, d'être attentive à leurs intérêts et de suivre leurs centres d'attention. Elle a aussi modifié très vite une autre stratégie : obtenir des enfants qu'ils lui montrent leurs portfolios. Comme les deux premiers enfants interrogés n'étaient pas très enthousiastes, elle a cherché à les intéresser davantage et pensé à leur proposer d'en photographier leurs pages favorites. Stephenson a noté : « cela a été providentiel dans la mesure où cela a permis un enregistrement en images de discussions qui ont été également enregistrées ».

Les questions posées par Stephenson n'étaient pas éloignées de celles de Pairman dans son étude des expériences enfantines de l'« espace » dans leurs structures de la petite enfance. En recueillant les données, elle a essayé de se montrer la « moins adulte » possible (Mandell, 1988), mais elle s'est trouvée confrontée à des questions de pouvoir qui l'ont amenée à questionner l'authenticité de ce rôle. Comme l'avait observé Christensen (2004), certains jeunes enfants l'ont considérée comme une adulte qui a le pouvoir, bien qu'elle ait dit qu'elle venait en visite et n'était pas une enseignante. Face à un différend entre deux enfants de deux ans qui demandaient de l'aide en regardant dans sa direction, elle a senti que son absence d'intervention de soutien a réduit sa capacité à développer des relations authentiques et confiantes avec eux. Elle a été préoccupée par le constat que les enfants ont été amenés à la voir comme une adulte peu serviable et – pire peut-être – qui ne leur portait pas d'attention. Pairman a pensé que, si le pouvoir peut être utilisé pour dominer les enfants, il peut aussi leur donner de la force et que, si la recherche est respectueuse de leur *agency* et reconnaît leur dépendance (Smith, 2011), les relations de confiance et éthiques doivent reconnaître la nature interdépendante des relations adulte-enfant.

Le « désordre » de la recherche avec les enfants

Les partisans des approches respectueuses de la recherche avec les enfants pensent que les relations sont intrinsèques au processus de recherche et reposent sur « une attitude d'écoute authentique, les chercheurs étant conscients des considérations éthiques (et voulant agir sur elles), telles que les questions d'accessibilité, d'accord/désaccord, de pouvoir, de rôles de la recherche et de la relation chercheur-participants » (Mayne & Howitt, 2015, p. 35). Quatre des chercheurs interrogés ont eu recours à la recherche qualitative, un a utilisé des méthodes expérimentales (Evans *et al.*, 2007) et les autres des tests (Tagoilelagi-Leota *et al.*, 2005). Comme nous le verrons plus bas, tous les chercheurs ont fait face aux complexités liées à la conception de la recherche, aux méthodes de recueil des données pour avoir accès aux participants et obtenir leur accord, et en particulier lorsque les contextes culturels étaient différents des leurs. Pour ceux qui ont utilisé des méthodes qualitatives, la nature relationnelle inhérente à leur approche signe leur sensibilité aux communautés, aux familles et aux enfants, d'où un certain degré de « désordre » – ou de complexité.

L'accessibilité : développer « une écologie de la confiance »

Nous avons indiqué plus haut que pour accéder aux enfants pasifikas (Fletcher *et al.*, 2005 ; Fletcher *et al.*, 2008), il a fallu développer un protocole de recherche approprié à leur culture, ce qui a pris huit mois de négociation entre les dirigeants des communautés et les chercheurs *papalagis*. Fletcher (entretien) a décrit le processus comme « une écologie de la confiance ». Membre de la communauté pasifika, Fa'afoi a expliqué :

> Qui s'intéresse à la communauté dans le processus éthique ? Nous avons pris le modèle éthique et l'avons modifié de telle sorte que la communauté puisse contribuer… Les chercheurs doivent accepter qu'ils ne savent pas tout, et pour faire cette recherche ils ont besoin du soutien des autres. (Fa'afoi, entretien)

Fa'afoi a poussé plus loin la réflexion sur son rôle dans le processus :

> J'ai senti que j'étais un portier, une porte vers les gens du Pacifique (dans cette recherche). Je devais créer une conscience des différentes valeurs et attitudes entre l'école, les familles et l'Église. Les chercheurs (*papalagis*) doivent observer les interactions des parents et des élèves : les enfants se font davantage entendre sans leurs parents, et ils le font plus calmement quand ils sont là. C'était important de comprendre la dynamique entre les valeurs des élèves, des parents et de la communauté. (Fa'agfoi, entretien)

Dans cette étude, un autre aspect qui a joué sur l'accessibilité était l'accent, sensible, mis sur la faiblesse en lecture des enfants pasifikas ; les parents et la communauté craignaient que leurs enfants soient considérés comme « indignes » s'ils révélaient leurs expériences. Dans le cadre de la conception collectiviste de la famille et de la communauté, typique des cultures du Pacifique (et maori) (Powell & Smith, 2009), le fait que les enfants ne mettent pas dans l'embarras leurs familles ou leurs communautés, en participant à la recherche, était une vraie question.

Dans la recherche expérimentale d'Evans (Evans *et al.*, 2007), l'accessibilité au terrain a été complexe pour une raison différente. Voulant étudier chez les enfants la compréhension de la justice et du pardon en famille, son équipe a cherché à avoir accès à eux par l'intermédiaire des écoles primaires et a rencontré des difficultés lorsque le comité d'éthique de leur institution de recherche a mis en question l'utilisation d'élèves comme « public captif » :

> Ils ont trouvé que recruter les enfants des écoles convenait bien aux chercheurs. Ils ont soutenu que la recherche ne portait pas principalement sur l'éducation, et que donc nous devions recruter autrement. (Evans, entretien)

Le comité d'éthique a fini par donner son accord, Evans ayant défendu l'intérêt, pour les écoles, des perceptions qu'ont les enfants de la justice et du pardon : même si la recherche concernait des expériences familiales, les enfants montraient leur compréhension de ces notions et leur mise en œuvre dans le cadre scolaire. Le défi du comité d'éthique a ainsi soulevé d'importantes questions sur ce qui constitue la recherche en éducation et sur le soutien des enquêtes qui, tout en étant menées dans les structures éducatives, ne sont pas explicitement en rapport avec leur curriculum.

Consentement, assentiment et transparence dans la recherche

Les débats sur l'accès au terrain convergent avec ceux sur l'accord et le refus de participer. Du point de vue des chercheurs, sans consentement légal il n'y a pas d'accès possible aux enfants comme participants à leurs études. Du point de vue des enfants, le processus de consentement/ assentiment détermine leur choix de participer ou non. Dans les faits, le modèle hiérarchique dominant de demander en premier le consentement des adultes responsables des enfants avant d'approcher ces derniers signifie qu'ils ont leur mot à dire seulement après que d'autres aient décidé de leur donner cette opportunité. En gardant en tête les inéluctables déséquilibres de pouvoir, nous pouvons penser que les enfants peuvent se sentir contraints de dire « oui » pour satisfaire les attentes des autres (Bourke & Loveridge, 2014 ; Morgan & Sengedorj, 2015).

Parmi les chercheurs interrogés, on observe une division claire sur cette question. Pour ceux qui travaillent dans le cadre pasifika, à partir du moment où les parents ont donné leur consentement, celui des enfants n'est pas considéré comme nécessaire, étant donné la valeur culturelle de l'autorité parentale dans ces familles (Tagoileilagi-Leota, entretien). Pour ceux travaillant sans perspective pasifika explicite, il était essentiel de vérifier que les enfants comprennent ce qui leur est demandé, et y parvenir a demandé créativité et persévérance. Obtenir le consentement de la famille pasifika a pris du temps et impliqué de nombreuses rencontres avec des personnes clés. Quoiqu'il en soit, Dickie a ressenti que c'était un bon investissement à long terme :

> … J'ai vraiment cherché le consentement de la communauté… Tout est dans des relations, obtenir leur confiance, construire les liens. Il y avait toute la hiérarchie de l'école : le principal, jusqu'aux enseignantes, jusqu'aux enfants. (Dickie, entretien)

Les enfants volontaires pour l'étude ont reçu un formulaire de consentement à faire signer par les parents. Il n'a pas été demandé aux enfants eux-mêmes de consentement écrit mais, rétrospectivement, Dickie a pensé que le faire aurait témoigné « davantage de respect pour les enfants … comme participants ».

En travaillant avec des enfants de moins de cinq ans, Stephenson (2009a, 2009b) a également adopté une approche délibérée et attentive quant à la recherche d'accord. Conformément à son objectif de mettre au premier plan les voix des enfants, elle a conçu un formulaire d'assentiment pour chaque enfant avec sa photo et cinq questions (oui/non), qui fut donné à leurs parents :

> J'ai demandé aux familles de discuter directement avec les enfants… s'ils sentaient que leur enfant était capable de décision éclairée, alors ils leur lisaient [le formulaire d'assentiment]. Et certains ont même lu le formulaire à leur enfant de moins d'un an… Ils ont dit : « on ne sait pas dans quelle mesure il comprend mais on leur lit »… Certains enfants plus âgés – un enfant de quatre ans – l'ont eu et ont certainement compris ce qu'il signifiait… un des plus âgés a rebondi, en me disant qu'ils en avaient parlé, et il était évident qu'il avait vraiment compris. (Stephenson, entretien)

Au cours de sa recherche, Stephenson est également restée attentive au processus d'assentiment, sensible aux signaux des enfants quant à leur niveau de bien-être : quand une fille qui « semblait ne savoir que faire » a décliné l'invitation à participer à une activité de recueil de données, Stephenson l'a accepté sans poser de question.

Bien que plus facile à gérer, les processus de consentement ponctuels laissent sans réponse la question de savoir qui a le pouvoir de décider de la participation des enfants, au bénéfice de qui et pour combien de temps. Il en est de même quant à la question de savoir comment un chercheur doit répondre au refus d'un enfant lorsque ce refus conduit à l'exclure d'une activité collective, par exemple, ou d'un échange avec le chercheur. Si les chercheurs peuvent rester vigilants aux signaux indiquant le désaccord d'un enfant au cours de la recherche, que doivent-ils faire si des enfants non participants montrent qu'ils ont changé d'avis ? Les enfants ont-ils le « pouvoir », l'« autorité » de changer de point de vue ?

À la suite de la procédure utilisée par Stephenson, et comme d'autres (Te One *et al.*, 2014), Pairmain a conçu pour les enfants un formulaire d'assentiment que les parents sont invités à remplir avec eux. Comme Stephenson, elle a rencontré quelques enfants plus âgés qui ont rebondi sur leurs formulaires et se sont immédiatement intéressés à ce qu'elle voulait savoir. Dans une structure, Liam, un des deux jumeaux de quatre ans, s'est approché d'elle en souriant et lui a montré son formulaire. À l'écart, sa mère a expliqué que, bien que l'un ait coché « non » et l'autre « oui » à trois des cinq questions, elle pensait qu'ils avaient simplement voulu donner des réponses différentes (apparemment une caractéristique de leur relation). La mère a signé le formulaire et a été heureuse que Pairman parle avec les garçons pour évaluer leurs désirs au cours de la recherche. Liam, qui recherchait la proximité de la chercheure, lui a demandé presque immédiatement s'il pouvait l'amener faire une promenade ; après l'avoir observée lorsqu'elle utilisait le magnétophone digital avec d'autres enfants, il a voulu parler dedans. Pairman a expliqué à Liam qu'il avait indiqué dans le formulaire qu'il ne voulait pas qu'elle l'enregistre, mais elle a ajouté que c'était bien s'il voulait changer d'avis. Elle a clarifié son désir d'être enregistré et l'a impliqué sur la base de son feedback verbal. Réfléchissant à la quantité d'écrits sur l'importance de la vigilance aux signaux non verbaux de désaccord des enfants et au peu de discussions sur les effets de l'exclusion due à une décision précoce de refus, elle demande : comment les chercheurs doivent-ils répondre aux signaux non verbaux d'enfants qui veulent se joindre à l'activité après avoir « signé » un formulaire disant « non » ? Dans de tels cas, ils peuvent considérer le document comme non modifiable (Dockett, Einarsdóttir & Perry, 2012).

À la lumière d'une telle complexité, la recherche avec des enfants n'est guère simple et peut souvent donner l'impression d'être « désordonnée » ; elle exige une sensibilité permanente qui prend en compte les droits des enfants à participer et les responsabilités du chercheur comme porteur de devoirs tout au long de la recherche. Ces droits (et par voie de conséquence, la responsabilité pour l'adulte de porter les devoirs) incluent la recherche des points de vue des enfants et leur prise en considération (Article 12), en garantissant que les enfants soient informés (Article 13) à propos de la recherche et de leurs droits, et en prenant en considération les droits des enfants à l'intimité (Article 17). Ainsi le processus de consentement doit être vu non seulement comme l'ouverture d'« un espace de négociation » (Gallagher *et al.*, 2010), mais aussi comme un processus continu et inclusif (O'Kane *et al.*, 2016). Nous avons également conclu qu'il faut s'attendre

– particulièrement dans la recherche qualitative – à des déviations du projet original. Et qu'on devrait davantage parler du désordre :

> Être transparent et responsable de chaque aspect de la recherche (qui n'est pas aussi ordonnée que ne le suggèrent parfois les manuels) et des adaptations réalisées, bénéficiera à d'autres chercheurs pour leurs études. Cette transparence peut engendrer également respect et volonté chez les enfants et les jeunes pour s'impliquer dans la recherche en cours et future. (Loveridge, 2010, p. 163)

Investir du temps dans le cadre des contraintes du financement des recherches

Construire des relations avec l'équipe, les parents et les enfants dans des situations de recherche est le meilleur moyen de comprendre les expériences vécues par les enfants (Greig *et al.*, 2007 ; Powell & Smith, 2009), en prenant le temps de développer ces relations avant de commencer à recueillir les données. Cependant, prendre du temps avant le début comme au cours de la recherche n'est pas toujours possible. Le financement de la recherche d'Evans (entretien) provient d'un fonds qui soutient uniquement des recherches courtes. Si le rapport final a été publié relativement vite, les obligations contractuelles limitant la durée du recueil des données (environ deux mois) a affecté l'ensemble du projet.

En Nouvelle Zélande, dans la communauté Aotearoa, l'attention accordée aux protocoles culturels indigènes peut nécessiter un *koha* (contribution financière ou en nature) à la communauté des participants ou à un *kaumatua* (ancien), considéré comme une personne essentielle à impliquer dans la recherche. De même, pour de nombreuses recherches, des groupes de conseil au sein des communautés sont des ressources pour les chercheurs, mais les restrictions financières peuvent en limiter le recours. Les coûts administratifs cachés (en temps et ressources) peuvent aussi influencer la recherche, comme celles de Fletcher et Fa'afoi ou de Dickie qui ont dû passer de nombreuses heures à identifier les personnes appropriées. Des cadres éthiques (Bishop, 2008 ; Vaioleti, 2006) pour conduire la recherche dans les communautés indigènes et du Pacifique sont disponibles, mais ils ne sont pas nécessairement bien compris ou mis en œuvre par les chercheurs non indigènes, non-membres de la communauté.

De plus, les chercheurs eux-mêmes peuvent sous-estimer le temps et les ressources additionnelles requises pour s'acquitter pleinement de leurs responsabilités envers les enfants comme participants à la recherche, les institutions et les communautés. Par exemple, Pairman (Pairman & Dalli, à paraître) a passé quatre heures chaque jour pendant deux semaines à distribuer et recueillir des formulaires de consentement auprès de plus de 70 familles dans une structure où la plupart des familles arrivaient peu après 7h30 et devaient ensuite partir en ville pour travailler. Bien qu'elle ait donné son adresse électronique, proposé des rencontres individuelles et collectives pour discuter de la recherche et ait été disponible sur le site chaque fin de journée pendant deux semaines, peu de parents ont posé des questions. La gestion du processus de consentement, plus que les échanges et les rencontres à propos de la recherche, a pris le plus de temps ; en clair, l'adage « on n'a pas le temps ! » a autant de sens dans les situations de recherche que dans la vie courante. Lorsque les chercheurs sont disponibles et quand la centration de la recherche l'exige, le temps permet une plus grande sensibilité aux réalités de la recherche avec les enfants et une compréhension plus approfondie et plus nuancée des expériences de ces derniers.

Des pratiques respectueuses avec les enfants et les communautés

Nous nous centrons ici sur les défis survenant quand les chercheurs s'efforcent de rester respectueux des droits des enfants à participer, et en particulier lors de l'étape finale de la diffusion des résultats.

Un bel exemple provient des entretiens effectués avec Fa'afoi et Fletcher. Leur étude portait sur les facteurs d'aide aux élèves de dix à treize ans des Iles du Pacifique en lecture et écriture. La littérature nationale et internationale ayant indiqué leur bas niveau de réussite, la première phase de l'étude a débuté avec une cohorte de bons élèves puis la deuxième phase avec les élèves en difficulté, mais avec la même centration sur ce par quoi ils se sentaient soutenus pour réussir et sur les obstacles qu'ils avaient rencontrés. Fletcher l'a expliqué ainsi :

> Nous avons senti une nervosité à propos de la recherche, en particulier à propos de deux femmes européennes (*papalagi*) qui font de la recherche. Nous savions qu'il y avait une vision négative à l'égard des élèves pasifika dans certaines écoles et nous voulions montrer leurs réussites pour contrecarrer ces images négatives. En commençant avec ceux qui étaient au-dessus de la moyenne en lecture et écriture, nous voulions savoir pourquoi ils réussissaient et ce qui avait permis leur réussite, et quels obstacles il pouvait y avoir. (Fletcher, entretien)

Selon un protocole négocié d'accès aux participants, les chercheurs ont accepté de partager leurs résultats, en procédant séparément pour les deux groupes d'élèves lors de deux réunions communautaires distinctes. Cette stratégie était un véritable défi :

> La réunion communautaire pour le feedback a été très émouvante : c'était le *matai* (chef) qui l'a dirigée et le *fono* (assemblée) a contrôlé l'ordre du jour. Lors de la première réunion qui concernait des enfants qui réussissaient, ils étaient là, très tranquilles ; et à la deuxième réunion qui concernait les

enfants qui réussissaient moins bien, ils jouaient dehors. C'était mieux si les enfants n'étaient pas là… Il y avait moins de monde à cette réunion, et c'était plus difficile aussi, parce que les enfants avaient eu de moins bons résultats. (Fletcher, entretien)

La rencontre a été très difficile à cause du contenu, émotionnellement chargé, des résultats mais aussi à cause du sens de la responsabilité que les chercheurs ont ressenti quant à l'action requise pour redresser la situation des enfants qui réussissaient moins :

Une fois le travail terminé, il doit y voir un gain pour la minorité… Nous avons impliqué des conseillers, des ministres du culte, le chef, mais comment avons-nous négocié des solutions qui permettent aux écoles de mettre en place des stratégies ? (Fa'afoi, entretien)

Les relations de recherche fondées sur la confiance exigent que les chercheurs donnent suite aux recommandations pour *influencer* un changement éducatif (Lundy, 2007). Dans le cas de cette étude, il y avait une attente pour que les enfants moins performants bénéficient des stratégies recommandées qui ont été identifiées dans la recherche. Les deux chercheurs interrogés l'ont ressenti vivement.

Moreland (entretien) a rapporté un type différent de défi qui a surgi lorsqu'il a été décidé de diffuser les résultats de l'étude des perceptions de la science chez des enfants de cinq ans grâce à une exposition de photos sélectionnées par les enfants. Cela impliquait de revenir vers les familles ou les membres de la communauté, expliquer à nouveau l'objectif de la recherche et obtenir l'accord pour inclure telle ou telle photo pour l'exposition. Ce processus a mis les chercheures au défi de réfléchir à leur engagement de protéger les enfants et leurs familles d'un regard intrusif et potentiellement compromettant :

Nous étions vraiment conscients que nous avons eu des idées en entrant dans les maisons [des enfants] ; nous étions vraiment privilégiés, les chercheurs ne vont généralement pas dans les maisons comme ça. Nous devions nous demander : voulions-nous une photo comme ça dans une exposition ? (Moreland, entretien)

Une activité finale de diffusion a été de réunir les photos de l'exposition dans un portfolio pour l'école.

Les enfants ont été essentiels dans le processus de la recherche. Ils y ont beaucoup contribué et ont eu des idées vraiment bonnes. Ils étaient aussi intéressés dans la recherche que les chercheurs. Ils étaient vraiment excités à l'idée d'emmener la recherche en Angleterre et d'en parler à la BERA[6]. (Moreland, entretien)

---

[6]   British Educational Research Association (Association Britannique de la Recherche en Éducation).

Conclusion : l'adaptation à l'objectif de la recherche

Nos entretiens ont montré que les chercheurs répondent généralement aux problèmes et pièges ou défis posés par des questions concrètes de la recherche avec sensibilité, souplesse et créativité méthodologique. Ils ont ainsi mis la priorité sur ce que Abbott et Langston appellent « l'adaptation à l'objectif » : des méthodes et approches qui conviennent au contexte dans lequel vit l'enfant et à l'objectif de la recherche, « garantissant ainsi que l'image révélée (est) aussi vraie et précise que possible » (2005, p. 38), tout en reconnaissant l'impossibilité d'une connaissance complète des points de vue des enfants. Il y a eu également la prise de conscience, comme Cook et Hess (2007) l'ont noté, que les enfants ont leurs façons de signaler ce qu'ils voient comme « adapté à l'objectif », ainsi que l'ont montré les changements méthodologiques introduits par Stephenson (liste des questions de contrôle) et les signaux des enfants que Dickie a utilisés pour développer sa méthodologie (par exemple, respecter les enfants comme experts de leurs propres vies).

Les réponses créatives des chercheurs aux défis concrets du champ semblent liées à un certain nombre de principes de pratiques permettant l'« adaptation à l'objectif ». Le *respect à l'égard des participants* exige de l'imagination, de la sensibilité au point de vue des enfants et une volonté de renoncer à la position traditionnelle du détenteur de pouvoir. Dans les recherches sous contrat, la manière de *répondre à la façon dont les financeurs posent les règles* peut inhiber une implication authentique avec les enfants si elle n'est pas prise en compte dès le moment de l'acceptation de la recherche.

La compréhension du pouvoir dans les relations de recherche est un prérequis essentiel si les chercheurs prennent au sérieux la participation des enfants dans leurs décisions concernant la méthodologie. Les questions relatives à la prise de décision par les enfants est délicate et élude celle-ci : devraient-ils décider ? Il y a également les questions relatives à la compréhension suffisante, dans les structures éducatives, des droits des enfants à l'accord comme au refus de participer à la recherche : sont-ils un public captif, dans les structures éducatives ? Savent-ils comment se retirer de la recherche à laquelle ils sont invités, ou comment y « re-entrer » après avoir refusé ? Les chercheurs savent-ils comment faciliter ce retour ? Des questions se posent aussi quant à savoir à qui profite l'implication des enfants dans la recherche. Les chercheurs ont besoin que les enfants participent – comme sujets, de préférence – dans les études concernant les enfants, mais avec quel objectif ? Est-ce pour améliorer le bien-être des enfants ou renforcer leurs droits ? Pour améliorer les structures éducatives ? Ou pour profiter à la carrière des chercheurs ? Et, enfin, il y a des questions sur l'influence des rapports de dépendance entre adultes et enfants dans le développement de relations de recherche respectueuses et authentiques.

Être critique quant aux bénéficiaires de la recherche exige de la part des chercheurs de penser au-delà du rapport final ou de la thèse, afin de garantir des pratiques éthiques jusqu'à la phase de diffusion des résultats. Le double statut de Fa'afoi, celui de chercheur et de membre de la communauté des Iles du Pacifiques, l'a amené à penser que ses actions avaient à répondre à deux séries d'attentes : celles de ses pairs académiques et celles de sa communauté culturelle qui jugerait de la valeur de la recherche à travers ses actions. Ces réflexions montrent des tensions dans la façon dont les droits à la participation individuelle peuvent être discutés, en particulier là où de tels droits peuvent être perçus comme intégrés dans le tissu familial ou communautaire et non pensés au niveau individuel.

Références bibliographiques

Abbott, L. & Langston, A. (2005). Ethical research with very young children. In A. Farrell (ed.) *Ethical research with children*. Maidenhead : Open University Press, p. 37-48.

Aries, P. (1962). *Centuries of Childhood. A Social History of Family Life.* Hardmondsworth : Penguin (première publication en 1960, *L'enfant et la vie familiale sous l'ancien régime*).

Bishop, R. (2008). *Freeing ourselves from neocolonial domination in research : A Kaupapa Maori Approach to Creating Knowledge. The Landscape of Qualitative Research.* N. K. Denzin and Y. S. Lincoln. Los Angeles : Sage.

Bourke, R. & Loveridge, J. (2014). Exploring informed consent and dissent through children's participation in educational research. *International Journal of Research & Method in Education*, 37 (2), p. 151-165.

Bradbury-Jones, C. & Taylor, J. (2015). Engaging with children as co-researchers : challenges, counter-challenges and solutions. *International Journal of Social Research Methodology*, 18 (2), p. 161-173.

Carr, M. (2000). Seeking children's perspectives about their learning. In A. B. Smith, N. J. Taylor & M. M. Gollop (eds) *Children's voices : Research, policy and practice*. Auckland : Pearson Educational, p. 37-55.

Christensen, P. (2004). Children's participation in ethnographic research : Issues of power and representation. *Children and Society*, 18 (2), p. 165-176.

Conroy, H. & D. Harcourt (2009). Informed agreement to participate : Beginning the partnership with children in research. *Early Child Development and Care*, 179 (2), p. 157-65.

Cook, T. & Hess, E. (2007). What the camera sees and from whose perspective : Fun methodologies for engaging children in enlightening adults. *Childhood*, 14 (1), p. 29-45.

Dahlberg, G., Moss, P. & Pence, A. (1999). *Beyond quality in early education and care : Postmodern perspectives.* London : Falmer Press.

Dahlberg, G. & Moss, P. (2005). *Ethics and politics in early childhood education.* London : Routledge-Falmer.

Dalli, C. & Stephenson, A. (2010). Involving children in research in early childhood settings : Opening up the issues. In J. Loveridge (ed.) *Involving children in research in educational settings*. Wellington : Ministry of Education, p. 14-45.

Dickie, J.G. (2008). An investigation of sites, uses and practices for literacy in the lives of Pasifika students. Unpublished PhD thesis, Victoria University of Wellington : New Zealand.

Dockett, S., Einarsdóttir, J. & Perry, B. (2012). Young children's decisions about research participation : opting out. *International Journal of Early Years Education*, 20 (3), p. 244-256.

Evans, I., Yamaguchi, T., Raskauskas, J. & Harvey, S. (2007). *Fairness, forgiveness and families*. Wellington : Families Commission.

Fasoli, L. (2001). Research with children : ethical mind-fields. *Australian Journal of Early Childhood*, 26 (4), p. 7-11.

Fletcher, J., Parkhill, F. & Fa'afoi, A. (2005). What factors promote and support Pasifika students in reading and writing ? *Teaching and Learning*, 2, p. 2-8.

Fletcher, J., Parkhill, F., Fa'afoi, A. & Tufulasi Taleni, L. (2008). Influences on Pasifika students' achievement in literacy. *NZCER Rangahau Matauranga o Aotearoa* 1, p. 4-9.

Gallacher, L.-A. & Gallagher, M. (2008). Methodological Immaturity in Childhood Research? Thinking through 'participatory methods'. *Childhood*, 15 (4), p. 499-516.

Gallagher, M., Haywood, S. L., Jones, M. W. & Milne, S. (2010). Negotiating Informed Consent with Children in School-Based Research : A Critical Review. *Children & Society*, 24 (6), p. 471-482.

Graham, A., Powell, M.A. & Taylor, N. (2015). Ethical research involving children. *Family Matter*, 96, p. 23-28. En ligne : https://aifs.gov.au/sites/default/files/fm96-ag.pdf.

Greig, A., Taylor, J. & MacKay, T. (2007). *Doing research with children*. Los Angeles : Sage.

Johansson, E. & White, E. J. (eds.) (2011). *Educational Research with our Youngest : Voices of Infants and Toddlers*. Springer : Dordrecht.

Lomax, H. (2012). Contested voices ? Methodological tensions in creative visual research with children. *International Journal of Social Research Methodology*, 15 (2), p. 105-117.

Loveridge, J. (ed.) (2010). *Involving children in research in educational settings*. Wellington : Ministry of Education. https://www.educationcounts. govt.nz/_data/assets/pdf_file/0005/80708/957_Involving-CYP-02092010. pdf.

Loveridge, J. & Cornforth, S. (2014). The ages of consent : re-working consensual frameworks in postmodern times. *International Journal of Qualitative Studies in Education*, 27 (4), p. 454-471.

Lundy, L. (2007). Voice is not enough : conceptualising Article 12 of the United Nations Convention on the Rights of the Child. *British Educational Research Journal*, 33 (6), p. 927-942.

Malloch, S. & Trevarthen, C. (ed.) (2009). *Communicative musicality : Exploring the basis of human companionship*. Oxford : Oxford University Press.

Mandell, N. (1988). The least-adult role in studying children. *Journal of Contemporary Ethnography*, 16 (4), p. 433-467.

Mannion, G. (2007). Going spatial, going relational : Why 'listening to children' and children's participation needs reframing. *Discourse : Studies in the Cultural Politics of Education*, 28 (3), p. 405-420.

Masson, J. (2004). The legal context. In S. Fraser, V. Lewis, S. Ding, M. Kellett & C. Robinson (eds.) *Doing research with children and young people*. London : Sage, p. 43-58.

Mayall, B. (2002). *Towards a Sociology for Childhood : Thinking from children's lives*. Buckingham : Open University Press.

Mayne, F. & Howitt, C. (2015). How far have we come in respecting young children in our research? A meta-analysis of reported early childhood research practice from 2009 to 2012. *Australasian Journal of Early Childhood*, 40 (4), p. 30-38.

Moreland, J. & B. Cowie (2005). Exploring the methods of auto-photography and photo-interviews : Children taking pictures of science and technology. *Waikato Journal of Education*, 1 (1), p. 73-87.

Morgan, J. & Sengedorj, T. (2015). 'If you were the researcher what would you research ?' : understanding children's perspectives on educational research in Mongolia and Zambia. *International Journal of Research & Method in Education*, 38 (2), p. 200-218.

O'Kane, C., Potts, A., Berman, G., Hart, J., O'Mathúna, D., Mattellone, M. & Tanner, T. (2016). *What We Know about Ethical Research Involving Children in Humanitarian Settings : An overview of principles, the literature and case studies.* En ligne : https://ideas.repec.org/p/ucf/inwopa/inwopa849.html.

Pairman, A. & Dalli, C. (à paraître) Children creating spaces of care in diverse early childhood centre built environments : a complex interplay of social relations and materiality. In J. Horton & M. Pyer (eds). *Children, young people and care*. London : Routledge Spaces of Childhood and Youth Series.

Palaiologou, I. (2014). 'Do we hear what children want to say ?' Ethical praxis when choosing research tools with children under five. *Early Child Development and Care*, 184 (5), p. 689-705.

Pascal, C. & Bertram, T. (2009). Listening to young citizens : The struggle to make real a participatory paradigm in research with young children. *European Early Childhood Education Research Journal*, 17 (2), p. 249-262.

Powell, A.M. & A.B. Smith (2009). Children's participation rights in research. *Childhood*, 16 (1), p. 124-141.

Prout, A. & Hallett, C. (ed.) (2003). *Hearing the voices of children : Social policy for a new century.* London : Routledge Falmer.

Pufall, P.B. & Unsworth, R.P. (2004). The imperative and process for rethinking childhood. In P.B. Pufall & R.P. Unsworth (eds.), *Rethinking childhood.* New Brunswick : Rutgers University Press, p. 1-21.

Reddy, V. (2008). *How Infants Know Minds.* Cambridge : Harvard University Press.

Rinaldi, C. (2006). *In dialogue with Reggio Emilia : Listening, researching and learning.* London : Routledge Taylor Francis.

Robinson, C. & Kellett, M. (2004). Power. In S. Fraser, V. Lewis, S. Ding, M. Kellett & C. Robinson (eds.) *Doing research with children and young people.* London : Sage, p. 81-96.

Schiller, W. & Einarsdóttir, J. (2009). Special issue : Listening to young children's voices in research-changing perspectives/changing relationships. *Early Child Development and Care*, 179 (2), p. 125-130.

Sommer, D., I. Pramling Samuelsson & Hundeide, K. (2010). *Child perspectives and children's perspectives in theory and practice.* New York : Springer.

Smith, A. B. (2011). Respecting Children's Rights and Agency. In D. Harcourt, B. Perry & T. Waller (eds.) *Researching Young Children's Perspectives.* London : Routledge, p. 11-25.

Smith, A. B. (2015). Early childhood education in New Zealand : Progress and challenges in achieving children's rights. In A.B. Smith (ed.) *Enhancing children's rights : Connecting research, policy and practice.* Basingstoke : Palgrave Macmillan, p. 80-94.

Stephenson, A. (2009a). Horses in the sandpit : Photography, prolonged involvement and 'stepping back' as strategies for listening to children's voices. *Early Child Development and Care,* 179 (2), p. 131-141.

Stephenson, A. (2009b). *Skirmishes on the border : How children experienced, influenced and enacted the boundaries of curriculum in an early childhood education centre setting.* Unpublished doctorate thesis, Victoria University of Wellington : New Zealand.

Sumsion, J. (2003). Researching with children : Lessons in humility, reciprocity and community. *Australian Journal of early childhood,* 28(1), p. 18-23.

Sumsion, J., Barnes, S., Cheeseman, S., Harrison, L., Kennedy, A. & Stonehouse, A. (2009). Insider perspectives on developing Belonging, Being & Becoming : The Early Years Learning Framework for Australia. *Australasian Journal of Early Childhood,* 34 (4), p. 4-13.

Tagoilelagi-Leota, F., S. McNaughton, S. MacDonald, & S. Farry (2005). Bilingual and biliteracy development over the transition to school. *International Journal of Bilingual Education and Bilingualism,* 8 (5), p. 455-79.

Te One, S. (2010). Involving children in research : Primary School. In J. Loveridge (ed.) *Involving children in research in educational settings.* Wellington : Ministry of Education, p. 69-111.

Te One, S. & Jamison, A. (2015). Connecting children's and young people's voices with the seat of power – a State of the Nation Report on Article 12, 1993-2014. Presentation to the 2nd Childhood Studies Colloquium. Otago University Dunedin (20-21 October).

Te One, S., Blaikie, R., Egan-Bitran, M. & Henley, Z. (2014). You Can Ask Me If You Really Want to Know What I Think. *Educational Philosophy and Theory,* 46 (9), p. 1052-1068.

Vaioleti, T. M. (2006). Talanoa research methodology : a developing position on Pacific research. *Waikato Journal of Education,* 12, p. 21-35.

von Benzon, N. (2015). 'I fell out of a tree and broke my neck' : acknowledging fantasy in children's research contributions. *Children's Geographies,* 13 (3), p. 330-342.

Collection *Petite enfance et éducation*

Nouvelles perspectives sur l'éducation et l'accueil des jeunes enfants

Cette collection a pour but de proposer des ouvrages de recherche sur les modalités d'éducation et d'accueil des enfants de la naissance jusqu'au seuil de la scolarité obligatoire ou élémentaire. Elle défend l'idée d'une spécificité culturelle et sociale des structures qui assurent le passage du monde familial au monde scolaire et qui construisent des espaces de vie et d'apprentissage pour les enfants de 0 à 6 ans. Il s'agit d'en analyser les variations en fonction des conceptions de l'enfant et de l'éducation mobilisées, de la formation et du statut des professionnel.le.s, des choix politiques et financiers, des attentes des parents. Pour cela, cette collection souhaite proposer de nouvelles perspectives marquées par la prise en compte de la dimension sociale et culturelle de ces pratiques d'accueil et d'éducation. Évitant les approches étroites et techniques ainsi que toute valorisation d'une norme universelle, elle est ouverte à la diversité des approches et des disciplines, l'exploration de nouveaux paradigmes, l'interrogation critique.

Directeur de la collection

Gilles Brougère *(Université Paris 13- Sorbonne Paris Cité)*

Comité éditorial

Pascale Garnier *(Université Paris 13- Sorbonne Paris Cité)*
Sylvie Rayna *(IFE, ENSL)*
Florence Pirard *(Université de Liège)*
Pablo Rupin *(CIAE, Université du Chili)*
Tullia Musatti *(CNR, Rome)*
Véronique Francis *(Université d'Orléans)*
Michel Vandenbroek *(Université de Gand)*
Gilles Cantin *(Université du Québec à Montréal)*
Anne Greve *(Université d'Oslo)*

Dans la même collection

Joseph Tobin (ed.), *Preschool and Im/migrants in Five Countries. England, France, Germany, Italy and United States of America*, 2016. 223 p.

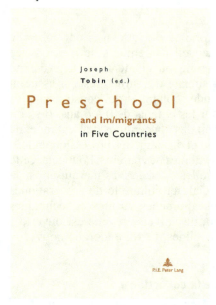

A significant and growing percentage of the children enrolled in early childhood education and care (ECEC) programs in Europe and the United States are children of recent im/migrants. For most young (3-5 years old) children of parents who have come from other countries, ECEC settings are the first context in which they come face to face with differences between the culture of home and the public culture of their new country. For parents who have recently im/migrated to a new country, enrolling their child in an early childhood program is a key moment where cultural values of their home and adopted culture come into contact and, often, conflict. For countries with high rates of im/migration, ECEC programs are key sites for enacting national goals for social inclusion and the creation of new citizens. And yet the field of early childhood education has conducted too little research on the experience of im/migrant children, their families, and their teachers.

This book tells the story of our study of beliefs about early childhood education of im/migrant parents and of the practitioners who teach and care for their young children. It is simultaneously a study of im/migration seen from the perspective of early childhood education and of early childhood education seen from the perspective of im/migration. The book answers the questions: What do im/migrant parents want for their children in ECEC programs? How are the perspectives of im/migrant parents like and unalike the perspectives of their children's preschool teachers and of non-immigrant parents? How are England, France, Germany, Italy, and the United States using ECEC settings to incorporate im/migrant children and their families into their new society? What can all five countries do better?

Ouvrages associés

Rayna, Sylvie / Brougère, Gilles (dir.), *Le care dans l'éducation préscolaire*, Bruxelles, PIE Peter Lang, 2016.

Rayna, Sylvie / Brougère, Gilles (dir.), *Petites enfances, migrations et diversités*, Bruxelles, PIE Peter Lang, 2014.

Brougère, Gilles (dir.), *Parents, pratiques et savoirs au préscolaire*, Bruxelles, PIE Peter Lang, 2010.

Brougère, Gilles / Vandenbroeck, Michel (dir.), *Repenser l'éducation des jeunes enfants*, Bruxelles, PIE Peter Lang, 2007.

www.peterlang.com